- FAIT MAISON -

SAUCES

chutneys & marinades

Recettes gourmandes
à réaliser à la maison

Thomas Feller

- FAIT MAISON -

SAUCES

chutneys & marinades

Photographies : Aline Princet
Stylisme : Isabelle Brouant

hachette
CUISINE

- FAIT MAISON -

SOMMAIRE

- INTRODUCTION -

Une sauce est la touche de l'artiste, sa patte, sa griffe. On pourrait parfois s'en passer mais elle sublime le plat.
Auparavant, les grandes brigades de cuisine étaient organisées en « parties » : la viande, le poisson, le garde-manger (préparations froides), la pâtisserie et les sauces, avec un chef saucier au même titre qu'un chef pâtissier ! C'est dire l'importance des sauces dans notre patrimoine culinaire ! Aujourd'hui, on trouve dans nos supermarchés des sauces toutes faites au rayon épicerie et au rayon frais. Au risque de déplaire à notre industrie agroalimentaire, ces sauces sont mauvaises.

Prenez une mayonnaise soi-disant « qualité traiteur » et comparez-la avec une mayonnaise maison. Vous allez tomber d'accord avec moi. Pourtant, il s'agit là d'une sauce préparée avec seulement 3 ingrédients ! Imaginez le résultat pour une sauce au poivre comportant une dizaine d'ingrédients ! Croyez-moi, mieux vaut se contenter d'un trait de jus de citron et d'huile d'olive ou d'une sauce maison très simple plutôt que d'acheter une sauce du commerce qui cache des sucres, des conservateurs, etc.

Dans ce livre, vous trouverez des sauces maison mais aussi des chutneys, des idées de marinades et beaucoup d'astuces et de variantes pour vous faciliter leur préparation.

Quelques repères rapides :
• 1 cuil. à café équivaut à environ 1 cl de liquide (soit 10 g), que ce soit du vinaigre ou de l'huile.
• 1 cuil. à soupe classique représente environ 1,5 cl de liquide (soit 15 g).
Les mesures sont à peu près similaires pour des aliments solides :
• 1 cuil. à café équivaut à 10 g de farine et 1 cuil. à soupe à 15 g de farine.
Quoi qu'il en soit, sachez qu'en cuisine, nous ne sommes pas à quelques grammes près.

En bref, vous avez les casseroles, les cuillères et le pain (pour saucer). Je vous apporte les recettes et je vous promets que vous ne serez pas déçus.

- CE QU'IL VOUS FAUT -

Les recettes de cet ouvrage ne nécessitent pas de matériel spécifique, du moins rien que vous n'auriez pas déjà sous la main dans votre cuisine.

MATÉRIEL DE BASE
L'équipement basique utile compte tout simplement une **casserole** ou deux, une **poêle**, un **fouet** à main, du sel et du poivre.

MATÉRIEL ADDITIONNEL
Si vous possédez un **thermomètre de cuisine électronique**, cela pourrait grandement vous aider dans la réalisation des sauces liées à chaud comme la sauce béarnaise, la sauce hollandaise ou la sauce mousseline. Car, dans ce cas de figure, il faut absolument éviter que la température de la sauce ne monte au-delà de 63 °C, température de coagulation des œufs.

Si vous hésitez depuis longtemps à vous munir d'un **pilon** et d'un **mortier**, sautez le pas ! Car cela pourrait être la bonne occasion pour réaliser dans la tradition les pestos et autres sauces thaïes.
En effet, on préconise le plus souvent de préparer ces sauces au mortier plutôt qu'au robot électrique, car ce dernier a tendance à hacher trop finement les herbes et à les faire chauffer, ce qui les oxyde.

Enfin, si vous adorez les robots ménagers, sachez qu'il en existe un spécialement conçu pour les sauces. Il s'appelle… le **saucier** !

CONSEIL
Il reste un élément essentiel… **l'huile de coude**. En effet, les sauces nécessitent le plus souvent d'être longuement fouettées durant leur préparation. Vous serez donc l'ustensile le plus sollicité. Mais, n'ayez pas d'inquiétude, un tel effort sera largement récompensé.

- FAIT MAISON -

RECETTES DE BASE

BOUILLON DE LÉGUMES

1 branche de céleri • 1 blanc de poireau • 2 carottes • 1 navet • 2 gousses d'ail • 1 oignon • 4 clous de girofle • 1 branche de thym • 4 feuilles de laurier • Sel, poivre du moulin

Matériel
Passoire

1 Nettoyez le céleri et le poireau. Épluchez les carottes, le navet, l'ail et l'oignon. Piquez ce dernier avec les clous de girofle.

2 Dans une grande cocotte, mettez tous les ingrédients et couvrez largement d'eau froide. Portez à ébullition et laissez cuire à gros bouillon pendant 1 h.

3 Filtrez le bouillon à l'aide de la passoire. Salez-le et poivrez-le. Le bouillon est prêt à l'emploi.

4 Le bouillon se conserve facilement pendant 1 semaine au réfrigérateur. Vous pouvez aussi en préparer une grosse quantité à l'avance et la congeler en la conditionnant dans des pots de yaourt.

VARIANTE
Vous pouvez ajouter dans votre bouillon une courgette, une tomate, du piment, du gingembre frais…

FUMET DE POISSON

3 ou 4 arêtes de sole • 1 branche de céleri • 1 blanc de poireau • 2 carottes • 2 gousses d'ail • 1 oignon • 4 clous de girofle • 1 branche de thym • 4 feuilles de laurier • Sel, poivre du moulin

Matériel
Marteau (facultatif) • Passoire

1 À l'aide d'un gros couteau ou d'un marteau propre, concassez grossièrement les arêtes de sole.

2 Nettoyez le céleri et le poireau. Épluchez les carottes, l'ail et l'oignon. Piquez ce dernier avec les clous de girofle.

3 Dans une grande cocotte, mettez tous les ingrédients et couvrez largement d'eau froide. Portez à ébullition et laissez cuire à gros bouillon pendant 30 min.

4 Filtrez le bouillon à l'aide de la passoire. Salez-le et poivrez-le. Le bouillon est prêt à l'emploi.

CONSEIL
Pour préparer du fumet de poisson, on n'utilise que les arêtes des poissons blancs et maigres (sole, turbot, saint-pierre, lotte), et non pas celles des poissons tels que le saumon, l'espadon ou le maquereau.

BOUILLON DE VOLAILLE

1 carcasse de poule ou de poulet cru(e)
• 1 branche de céleri • 1 blanc de poireau
• 2 carottes • 2 gousses d'ail • 1 oignon
• 4 clous de girofle • 1 branche de thym
• 4 feuilles de laurier • Sel, poivre du moulin

Matériel
Marteau (facultatif) • Passoire

1 À l'aide d'un gros couteau ou d'un marteau propre, concassez grossièrement la carcasse de poulet.

2 Nettoyez le céleri et le blanc de poireau. Épluchez les carottes, l'ail et l'oignon. Piquez ce dernier avec les clous de girofle.

3 Dans une grande cocotte, mettez tous les ingrédients et couvrez largement d'eau froide. Portez à ébullition et laissez cuire à gros bouillon pendant 1 h. Filtrez le bouillon à l'aide de la passoire, salez et poivrez. Le bouillon est prêt à l'emploi.

VARIANTES
Vous pouvez réaliser la même recette avec des os de toutes les volailles, de bœuf ou de veau. Vous pouvez aussi l'épicer en y ajoutant un piment, un morceau de gingembre ou de citronnelle.

MAYONNAISE AU CITRON
(SAUCE LIÉE À FROID)

1 jaune d'œuf • 1 cuil. à café de moutarde de Dijon • 15 cl d'huile végétale • ½ citron • Sel, poivre du moulin

Matériel
Presse-agrumes

1 Dans un petit saladier, mélangez et liez le jaune d'œuf avec la moutarde.

2 Versez ensuite un peu d'huile en un mince filet. Assurez-vous que la sauce est bien liée avant d'en rajouter, toujours en mince filet. Continuez ainsi jusqu'à épuisement de l'huile.

3 La mayonnaise est alors bien prise et épaisse.

4 Pressez le citron et ajoutez le jus à la mayonnaise. Salez et poivrez à votre convenance. Gardez au frais ou servez aussitôt. Une mayonnaise se garde facilement une semaine au réfrigérateur. Pour éviter qu'elle ne s'oxyde, collez du film alimentaire à sa surface.

À SAVOIR
La mayonnaise est en fait une liaison de particules d'eau et d'huile grâce à l'œuf. Elle est jaune, mais si vous y ajoutez un peu de jus de citron, elle blanchit.

SAUCE HOLLANDAISE
(SAUCE LIÉE À CHAUD)

1 citron • 200 g de beurre • 4 jaunes d'œufs • Sel, poivre du moulin

Matériel
Presse-agrumes

1 Pressez le citron afin d'en récupérer le jus. Faites fondre le beurre.

2 Dans une petite casserole au bain-marie, versez 2 cuil. à soupe d'eau chaude avec les jaunes d'œufs et commencez à fouetter afin de faire gonfler et mousser les œufs.

3 Lorsque les œufs ont doublé de volume, commencez à verser petit à petit le beurre fondu. Faites attention à ce que la température du bain-marie (et donc de la sauce) ne monte pas trop. Vous devez pouvoir supporter sans vous brûler de mettre votre doigt dans la sauce, tout en étant malgré tout chaude.

4 Votre sauce doit à la fin presque ressembler à de la mayonnaise. Coupez le feu, salez et ajoutez doucement le jus de citron, du poivre et à nouveau du sel si besoin, selon vos goûts. Servez aussitôt.

UTILISATIONS

La sauce hollandaise accompagne à merveille les asperges ou les poissons. Mais elle est aussi très bonne avec des œufs pochés posés sur un demi-muffin et une tranche de bacon grillé.

VARIANTE

La sauce hollandaise est une bombe nucléaire à calories (surtout avec les œufs bénédictine), alors divisez par deux la quantité de beurre et ajoutez 10 cl de crème fraîche allégée.

CONSEIL

Attention à ce que la température ne dépasse pas 65 °C, le tout se transformerait en œufs brouillés. Dans ce cas, stoppez immédiatement la cuisson et finissez de monter la sauce à l'aide d'un mixeur. Le goût sera différent mais délicieux tout de même.

À SAVOIR

Les sauces liées à chaud ne se conservent pas. Vous devez les préparer juste avant de les servir. La seule façon de les conserver est de les lier avec un peu de farine mais cela modifie réellement leur goût.

VINAIGRETTE

2 cuil. à soupe de vinaigre de vin ou de xérès • 6 cuil. à soupe d'huile végétale neutre • 1 cuil. à café de moutarde de Dijon • Sel, poivre du moulin

1 Dans un bol, faites fondre le sel dans le vinaigre.

2 Ajoutez le poivre et la moutarde.

3 Mélangez bien puis versez l'huile tout en battant. Rectifiez l'assaisonnement si besoin.

4 La vinaigrette se conserve plusieurs semaines au réfrigérateur dans un pot fermé bien hermétiquement. Toutefois, elle risque de figer si elle est préparée à base d'huile d'olive.

À SAVOIR

Pour toutes les vinaigrettes qui reposent sur une base de liquide acide, vous devez respecter le dosage de 1 pour 3 (1 cuil. à soupe de vinaigre ou de jus acide pour 3 cuil. à soupe d'huile). Le vinaigre peut être remplacé par du jus de citron ou du jus de fruit de la Passion.

CONSEILS

La vinaigrette est une sauce à la portée de tous. Vous pouvez devenir un grand couturier de la vinaigrette très simplement en y ajoutant des herbes, de petits dès de légumes crus (tomate, oignon, ail, échalote, poivron) ou en l'épiçant (gingembre, curry, piment, noix muscade).

CHUTNEY D'OIGNONS AUX RAISINS SECS

1 kg d'oignons jaunes • 25 g de beurre demi-sel • 150 g de cassonade • 15 cl de vin rouge • 15 cl de crème de cassis • 15 cl de vinaigre de xérès • 100 g de raisins secs • Sel, poivre du moulin

Matériel
2 pots à confiture

1 Épluchez les oignons et coupez-les en fines rondelles. Ébouillantez les pots à confiture.

2 Dans une grande casserole, faites fondre le beurre et ajoutez les oignons. Faites-les cuire à feu doux ou moyen en remuant de temps en temps jusqu'à ce qu'ils deviennent translucides.

3 Ajoutez la cassonade et laissez caraméliser pendant quelques minutes à feu moyen.

4 Versez le vin, la crème de cassis, le vinaigre et les raisins. Portez à ébullition et laissez réduire jusqu'à ce qu'il ne reste plus de liquide. Salez et poivrez. Remplissez les pots à confiture, fermez-les puis retournez-les afin de créer un vide. Laissez refroidir.

- FAIT MAISON -

SAUCES FROIDES

FACILE

Pour **6** personnes
10 min de préparation
Coût €

SAUCE COCKTAIL

1 jaune d'œuf • 1 cuil. à café de moutarde douce • 15 cl d'huile végétale • 1 cuil. à soupe de ketchup • Quelques gouttes de Tabasco • Sel, poivre du moulin

UTILISATION
Pour assaisonner un hamburger maison au poulet croustillant.

1. Dans un petit saladier, mélangez le jaune d'œuf avec la moutarde. Versez ensuite un mince filet d'huile. Prenez soin de bien lier la sauce avant chaque nouvel ajout d'huile. Continuez jusqu'à ce qu'il ne vous reste plus d'huile.

2. Ajoutez enfin le ketchup et le Tabasco. Salez et poivrez à votre convenance avant de placer au frais.

FACILE

Pour **6** personnes
10 min de préparation
Coût €

SAUCE TARTARE

1 jaune d'œuf • 1 cuil. à café de moutarde de Dijon • 15 cl d'huile végétale • 1 cuil. à soupe de câpres • 4 petits cornichons • 1 échalote • Le jus de ½ citron • 1 cuil. à soupe d'estragon haché • 1 cuil. à soupe de ciboulette hachée • 1 cuil. à soupe de persil haché • Sel, poivre du moulin

Matériel
Presse-agrumes

UTILISATIONS
Une sauce idéale pour accompagner des viandes grillées au barbecue ou un hamburger.

VARIANTE
Remplacez l'estragon par de la coriandre puis ajoutez une touche de menthe et de curry.

1. Dans un petit saladier, mélangez le jaune d'œuf avec la moutarde. Versez ensuite un mince filet d'huile. Prenez soin de bien lier la sauce avant chaque nouvel ajout d'huile. Continuez jusqu'à ce qu'il ne vous reste plus d'huile.

2. Égouttez puis hachez les câpres et les cornichons. Épluchez et hachez l'échalote. Ajoutez ces ingrédients à la sauce, ainsi que le jus de citron et les herbes. Salez et poivrez à votre convenance avant de placer au frais.

FACILE

Pour **6** personnes
10 min de préparation
1 h de réfrigération
Coût €

SAUCE MOUSSELINE FROIDE

1 œuf • 1 cuil. à café de moutarde de Dijon • 15 cl d'huile végétale • Le jus de ½ citron • Sel, poivre du moulin

Matériel
Batteur électrique • Presse-agrumes

1. Dans un bol, séparez le blanc du jaune d'œuf. Dans un petit saladier, mélangez le jaune d'œuf avec la moutarde. Versez ensuite un mince filet d'huile. Prenez soin de bien lier la sauce avant chaque nouvel ajout d'huile. Continuez jusqu'à ce qu'il ne vous reste plus d'huile.

2. À l'aide du batteur électrique, montez le blanc d'œuf en neige avec une pincée de sel.

3. Mélangez la mayonnaise avec le jus de citron et le blanc en neige. Salez et poivrez. Laissez reposer 1 h au réfrigérateur afin que la sauce se fige.

UTILISATIONS
Servez cette sauce pour accommoder un poisson, un rosbif froid ou des asperges vertes tièdes.

CONSEIL
La sauce mousseline froide est une bonne façon d'alléger la mayonnaise puisqu'en y ajoutant un blanc en neige, vous allez fortement l'aérer. Contrairement à la mayonnaise, il vous faudra la consommer rapidement, dans les 24 h.

FACILE
Pour **6** personnes
10 min de préparation
Coût €

SAUCE GRIBICHE

2 œufs durs • 1 cuil. à café de moutarde de Dijon • 20 cl d'huile végétale • 1 cuil. à soupe de câpres • 4 petits cornichons • 1 échalote • 2 cuil. à soupe de vinaigre blanc • 1 cuil. à soupe d'estragon haché • 1 cuil. à soupe de ciboulette hachée • 1 cuil. à soupe de persil haché • Sel, poivre du moulin

Matériel
Mortier (facultatif)

UTILISATIONS
Cette recette, très proche de la sauce tartare, a un goût, grâce aux œufs entiers et durs, qui accompagne à merveille la tête de veau ! Si, tout comme moi, vous n'aimez pas trop ça, cette sauce permet tout de même d'utiliser des restes d'œufs durs et de rehausser un bon gigot d'agneau.

1. Écalez les œufs durs (ôtez les coquilles) et séparez les blancs des jaunes. Mettez les jaunes dans un petit saladier avec la moutarde. Écrasez et liez le tout à l'aide d'un mortier (ou d'une fourchette), puis versez un mince filet d'huile. Prenez soin de bien lier la sauce avant chaque nouvel ajout d'huile. Continuez jusqu'à ce qu'il ne vous reste plus d'huile.

2. Coupez les blancs d'œufs en petits dés. Égouttez puis hachez les câpres et les cornichons. Épluchez et hachez l'échalote.

3. Ajoutez tous ces ingrédients à la sauce, ainsi que le vinaigre blanc et les herbes. Salez et poivrez à votre convenance avant de placer au frais.

FACILE
Pour **6** personnes
10 min de préparation
Coût €

SAUCE RAVIGOTE

1 cuil. à soupe de câpres • 4 petits cornichons • 1 échalote • 2 cuil. à soupe de vinaigre blanc • 6 cuil. à soupe d'huile végétale • 1 cuil. à soupe d'estragon haché • 1 cuil. à soupe de ciboulette hachée • 1 cuil. à soupe de persil haché • Sel, poivre du moulin

1. Égouttez puis hachez les câpres et les cornichons. Épluchez et hachez l'échalote.

2. Dans un bol, mélangez tous les ingrédients de la recette, puis salez et poivrez à votre convenance avant de placer au frais.

FACILE
Pour **4** personnes
10 min de préparation
Coût €

SAUCE TARTARE À L'ANGLAISE

1 jaune d'œuf • 1 cuil. à café de moutarde de Dijon • 15 cl d'huile végétale • 1 cuil. à soupe de câpres • 4 petits cornichons • 1 échalote • Quelques gouttes de Tabasco • 1 cuil. à soupe de ketchup • 1 cuil. à soupe de Worcestershire sauce (sauce anglaise) • 1 cuil. à soupe de ciboulette hachée • 1 cuil. à soupe de persil haché • Sel, poivre du moulin

UTILISATION
Cette sauce est la base des steaks tartare.

VARIANTE
Remplacez la ciboulette et le persil par de la coriandre, le Tabasco par une sauce au piment doux et la Worcestershire sauce par de la sauce soja. Dépaysement garanti !

1. Dans un petit saladier, mélangez le jaune d'œuf avec la moutarde. Versez ensuite un mince filet d'huile. Prenez soin de bien lier la sauce avant chaque nouvel ajout d'huile. Continuez jusqu'à ce qu'il ne vous reste plus d'huile.

2. Égouttez puis hachez les câpres et les cornichons. Épluchez et hachez l'échalote. Ajoutez ces ingrédients à la sauce, ainsi que le Tabasco, le ketchup, la Worcestershire sauce et les herbes. Salez et poivrez à votre convenance avant de placer au frais.

FACILE
Pour **4** personnes
10 min de préparation
Coût €

SAUCE BARBECUE

1 jaune d'œuf • 1 cuil. à café de moutarde de Dijon • 15 cl d'huile végétale • 1 pincée de piment de Cayenne • 1 cuil. à soupe de Worcestershire sauce (sauce anglaise) • 1 cuil. à soupe de concentré de tomates • 1 cuil. à café de paprika fumé (dans les épiceries fines) • Sel, poivre du moulin

1. Dans un petit saladier, mélangez le jaune d'œuf avec la moutarde. Versez ensuite un mince filet d'huile. Prenez soin de bien lier la sauce avant chaque nouvel ajout d'huile. Continuez jusqu'à ce qu'il ne vous reste plus d'huile.

2. Ajoutez le reste des ingrédients de la recette, puis salez et poivrez à votre convenance avant de placer au frais.

FACILE
Pour **6** personnes
10 min de préparation
Coût €

SAUCE AÏOLI

2 gousses d'ail • 1 jaune d'œuf • 15 cl d'huile d'olive • Sel, poivre du moulin

Matériel
Pilon et mortier

1. Épluchez les gousses d'ail. Mettez-les dans le mortier et écrasez-les le plus finement possible à l'aide du pilon. Ajoutez le jaune d'œuf et versez l'huile petit à petit en un mince filet, tout en fouettant. Montez ainsi la sauce comme si vous réalisiez une mayonnaise. Salez et poivrez. La sauce doit être très puissante et jaune foncé. Gardez-la au frais.

2. Servez cette sauce avec des légumes vapeur, des poissons ou des coquillages, des bâtonnets de légumes crus, etc.

FACILE
Pour **6** personnes
10 min de préparation
Coût €

SAUCE VITELLO TONATO

1 petite conserve de thon à l'huile • 1 jaune d'œuf • 1 cuil. à café de moutarde • 2 anchois • 10 cl d'huile d'olive • Le jus de ½ citron • 2 cuil. à soupe de câpres • Sel, poivre du moulin

Matériel
Robot-mixeur • Presse-agrumes

1. Mettez le thon, le jaune d'œuf, la moutarde et les anchois dans le mixeur. Mixez jusqu'à obtention d'une pâte homogène. Versez l'huile en un mince filet sans cesser de faire fonctionner le robot. Salez et poivrez avant d'ajouter le jus de citron et les câpres. Gardez au frais.

2. Voici une sauce parfaite pour un rôti de veau chaud ou froid, ou bien un sandwich aux crudités et au thon grillé !

FACILE

Pour **6** personnes
15 min de préparation
15 min de cuisson
Coût €

SAUCE SUÉDOISE

1 pomme golden • 4 cuil. à soupe de vin blanc • 1 jaune d'œuf • 1 cuil. à café de moutarde de Dijon • 15 cl d'huile végétale • ½ citron • Sel, poivre du moulin

Matériel
Presse-purée • Presse-agrumes

1. Épluchez la pomme et coupez-la en quatre. Retirez le cœur, puis taillez les quartiers en cubes. Mettez-les avec le vin blanc dans une casserole. Portez à ébullition et faites cuire à couvert et à feu doux pendant 15 min. Écrasez ensuite la compote obtenue à l'aide du presse-purée. Laissez refroidir.

2. Dans un petit saladier, mélangez le jaune d'œuf avec la moutarde. Versez ensuite un mince filet d'huile. Prenez soin de bien lier la sauce avant chaque nouvel ajout d'huile. Continuez jusqu'à ce qu'il ne vous reste plus d'huile.

3. Lorsque la mayonnaise est bien prise est épaisse, ajoutez-y 2 cuil. à soupe de compote de pommes. Salez et poivrez à votre convenance. Gardez au frais ou servez aussitôt.

UTILISATIONS
Cette drôle de sauce au goût surprenant accompagne à merveille les charcuteries, les viandes fumées, un sandwich au brie (ou au camembert) et crudités ou, pourquoi pas, un sandwich poulet grillé, piment et crudités.

FACILE

Pour **6** personnes
10 min de préparation
1 h de réfrigération
Coût €

ROUGAÏL DE TOMATES

1 kg de tomates Roma • 3 cm de gingembre • 1 oignon blanc • 1 citron vert • 3 cuil. à soupe d'huile végétale • Sel, poivre du moulin

Matériel
Presse-agrumes • Robot-mixeur

1. Portez à ébullition une casserole d'eau. Incisez la base des tomates en croix et ébouillantez-les pendant 30 sec. Pelez-les. Épluchez le gingembre et l'oignon. Pressez le citron puis versez le jus avec le reste des ingrédients de la recette dans le bol du mixeur.

2. Mixez jusqu'à obtention d'une purée totalement homogène. Salez et poivrez à votre convenance. Laissez reposer 1 h au réfrigérateur avant de consommer.

FACILE

Pour **6** personnes
10 min de préparation
1 h de réfrigération
Coût €

ROUGAÏL DE TOMATES AUX HERBES

1 kg de tomates Roma • 1 gousse d'ail • 3 cm de gingembre • 2 échalotes • 1 botte de coriandre • 1 botte de ciboulette • Le jus de 1 citron vert • 3 cuil. à soupe d'huile végétale • Sel, poivre du moulin

1. Ébouillantez puis pelez les tomates comme indiqué dans l'étape 1 de la recette ci-dessus. Pressez-les entre vos mains pour éliminer toute l'eau en excès. Éliminez les pépins et hachez les chairs au couteau. Épluchez l'ail, le gingembre et les échalotes, puis coupez le tout en très petits dés. Effeuillez puis hachez la coriandre et la ciboulette.

2. Dans un saladier, mélangez tous les ingrédients de la recette puis laissez reposer 1 h au réfrigérateur avant de consommer.

UTILISATIONS
Voici une sauce idéale pour accompagner des viandes épicées, des viandes ou des poissons grillés au barbecue ou du riz.

CONSEIL
Il est vraiment utile de laisser reposer le rougaïl avant de le consommer. Les saveurs s'affirment et se mélangent, créant un goût surprenant et inattendu.

FACILE

Pour **6** personnes
10 min de préparation
1 h de réfrigération
Coût €

SAUCE VIERGE

4 tomates Roma • 2 échalotes • 2 cuil. à soupe d'olives noires à la grecque • 2 cuil. à soupe de câpres • 1 botte de basilic • ½ citron • 10 cl d'huile d'olive • Sel, poivre du moulin

1. Portez à ébullition une casserole d'eau. Incisez la base des tomates en croix et ébouillantez-les pendant 1 min. Pelez-les puis coupez-les en quatre afin de retirer les pépins. Détaillez ensuite les chairs en petits dés.

2. Épluchez puis hachez les échalotes. Dénoyautez les olives et rincez-les à l'eau courante avant de les éponger avec du papier absorbant. Hachez-les ensuite grossièrement. Égouttez et épongez les câpres.

3. Effeuillez le basilic et coupez-le le plus finement possible. À l'aide d'un couteau finement aiguisé, prélevez la peau du demi-citron, sans la partie blanche qui est trop amère. Détaillez ensuite le demi-citron en tranches, que vous couperez en quatre.

4. Dans un bol, mélangez tous les ingrédients de la recette et laissez reposer 1 h de façon à ce que les arômes et les parfums se mélangent. Salez et poivrez à votre convenance, puis servez aussitôt.

UTILISATION
À servir avec des poissons grillés, type saumon, thon ou espadon.

CONSEIL
Pour apporter une touche légèrement anisée à la sauce, ajoutez-lui un quart de botte de cerfeuil.

FACILE

Pour **6** personnes
10 min de préparation
5 min de cuisson
Coût €

PESTO DE BASILIC

½ gousse d'ail • 1 botte de basilic • 2 cuil. à café de pignons de pin • 25 g de morceau de parmesan • 10 cl d'huile d'olive • Sel, poivre du moulin

Matériel
Pilon et mortier

1. Épluchez la gousse d'ail et ôtez le germe le cas échéant. Lavez et effeuillez le basilic.

2. Dans une poêle sans matière grasse, faites dorer les pignons de pin sans cesser de remuer. Dès qu'ils commencent à colorer, retirez-les de la poêle et mettez-les dans le mortier.

3. Ajoutez le parmesan, l'ail et le basilic. Versez l'huile, salez et poivrez. Écrasez longuement le tout à l'aide du pilon, jusqu'à obtention d'un mélange homogène. Versez le pesto dans un bol et gardez au frais.

UTILISATIONS
Le pesto de basilic agrémente les pâtes, les légumes cuits, du poisson en papillote ou de la viande blanche.

CONSEIL
Si vous ne consommez pas immédiatement ce pesto, versez-le dans un petit bocal étroit et couvrez-le d'une fine couche d'huile pour éviter qu'il ne s'oxyde.

VARIANTES
Cette recette de pesto peut-être déclinée avec d'autres herbes : remplacez le basilic par 2 poignées de roquette ou par de la coriandre. Vous pouvez également remplacer les pignons de pin par des cacahuètes et troquer le parmesan contre du piment.

FACILE

Pour **4** personnes
10 min de préparation
Coût €

SAUCE CÉSAR

1 gousse d'ail • 1 jaune d'œuf • 1 cuil. à café de moutarde forte • 10 cl d'huile végétale • Sel, poivre du moulin

1. Épluchez puis hachez le plus finement possible la gousse d'ail. Si vous craignez l'ail cru, coupez la gousse en deux, ôtez le germe puis mettez l'ail dans une casserole d'eau froide salée. Portez à ébullition, égouttez et essorez l'ail avant de le hacher.

2. Dans un bol, mélangez le jaune d'œuf avec la moutarde. Ajoutez 1 pincée de sel et de poivre. Versez doucement l'huile en un mince filet tout en fouettant afin d'obtenir une sauce homogène. Ajoutez l'ail et mélangez bien. Gardez au frais.

FACILE

Pour **6** personnes
10 min de préparation
Coût €

SAUCE CÉSAR PIMENTÉE

1 gousse d'ail • 1 jaune d'œuf • 1 cuil. à café de moutarde douce • 2 anchois à l'huile • 3 cuil. à soupe de crème liquide • 1 cuil. à café de parmesan râpé • 1 cuil. à café de vinaigre de balsamique • 10 cl d'huile végétale • 2 pincées de piment d'Espelette • Sel, poivre du moulin

Matériel
Robot-mixeur

1. Épluchez puis hachez le plus finement possible la gousse d'ail. Si vous craignez l'ail cru, coupez la gousse en deux, ôtez le germe puis mettez l'ail dans une casserole d'eau froide salée. Portez à ébullition, égouttez et essorez l'ail avant de le hacher.

2. Dans le bol du mixeur, versez tous les ingrédients de la recette puis mixez jusqu'à obtention d'une sauce homogène. Ajoutez 1 pincée de sel et de poivre, puis gardez au frais.

CONSEIL
Pas besoin d'aller à Las Vegas ou au Harry's Bar de Venise pour déguster une bonne salade César. Nettoyez une salade romaine et mélangez-la avec des croûtons, des quartiers de tomate, du poulet grillé, des anchois et des copeaux de parmesan. Arrosez de sauce et dégustez aussitôt.

FACILE

Pour **6** personnes
15 min de préparation
Coût €

BEURRE MAÎTRE D'HÔTEL

1 gousse d'ail • ½ botte de persil plat • ½ citron (facultatif) • 100 g de beurre à température ambiante • Sel, poivre du moulin

Matériel
Presse-agrumes

1. Épluchez et hachez le plus finement possible la gousse d'ail. Rincez, séchez et effeuillez le persil. Hachez-le finement. Pressez le demi-citron, si vous l'utilisez.

2. Dans un bol, mélangez le beurre avec l'ail et le persil. Salez et poivrez à votre convenance. Terminez éventuellement en versant petit à petit le jus de citron (voir conseil ci-dessous).

UTILISATIONS
Une recette idéale pour préparer des escargots bien sûr, des viandes rouges grillées, des coquillages poêlés et des champignons.

CONSEIL
Versez le jus de citron petit à petit et goûtez le beurre au fur et à mesure. Le jus de citron doit contrebalancer le gras du beurre mais on ne doit pas trop le sentir.

VARIANTES
Remplacez le persil plat par une dizaine d'anchois. Pour préparer un beurre Montpellier, grand classique de la cuisine française, jetez dans l'eau bouillante une poignée d'épinards et de cresson. Égouttez et hachez finement avec 4 cuil. à soupe d'herbes fraîches hachées (ciboulette, estragon, persil), 150 g de beurre mou, 1 œuf dur, 1 gousse d'ail, 2 anchois, 1 cuil. à soupe de vinaigre blanc et 3 cuil. à soupe d'huile d'olive.

FACILE

Pour **4** personnes
10 min de préparation
10 min de cuisson
Coût €

VINAIGRETTE À L'HUILE D'OLIVE ET AU CITRON

1 citron • ¼ de botte de cerfeuil • 1 cuil. à café de moutarde douce • 1 cuil. à café de poivre à steak • 3 cuil. à soupe d'huile d'olive • 3 cuil. à soupe d'huile végétale • Sel

Matériel
Presse-agrumes

1. À l'aide d'un couteau économe, retirez la peau du citron, sans prélever la partie blanche qui est trop amère. Coupez ensuite le citron en deux et pressez-le afin de récupérer le jus. Effeuillez le cerfeuil.

2. Plongez la peau du citron dans une petite casserole d'eau, puis portez à ébullition. Égouttez-la et recommencez cette même opération deux fois. Égouttez-la à nouveau avant de la couper en bâtonnets puis en petits dés.

3. Dans un bol, versez la moitié du jus de citron et délayez-y un peu de sel. Ajoutez la moutarde et mélangez bien. Ajoutez enfin le poivre, les dés de zeste de citron, le cerfeuil et les huiles. Gardez au frais.

UTILISATIONS
Servez cette sauce avec des viandes ou des poissons grillés mais aussi avec des salades composées du type salade niçoise.

FACILE

Pour **4** personnes
10 min de préparation
10 min de cuisson
Coût €€

SAUCE AU VINAIGRE BALSAMIQUE

15 cl de vinaigre balsamique • 6 cuil. à soupe d'huile d'olive • Sel, poivre du moulin

1. Dans une casserole, versez le vinaigre balsamique. Mettez sur feu doux et faites réduire le vinaigre aux deux tiers. Lorsqu'il est sirupeux, ôtez du feu et versez immédiatement le vinaigre dans un bol.

2. Ajoutez l'huile d'olive, salez et poivrez à votre convenance. Gardez à température ambiante.

UTILISATIONS

Cette vinaigrette aux goûts puissants se marie à merveille avec une salade niçoise, une salade de légumes verts et de roquette ou, plus simplement, un mesclun en accompagnement d'une tarte.

VARIANTE

Vous pouvez enrichir cette recette d'un peu de basilic ou de roquette hachés, de pignons de pin grillés ou d'amandes effilées.

FACILE

Pour **4** personnes
5 min de préparation
Coût €

VINAIGRETTE AUX HERBES ET À L'ÉCHALOTE

UTILISATIONS
Consommez cette vinaigrette sur des salades à base de foies de volaille, de lard, de jambon ou de fromages un peu forts.

CONSEILS
Vous pouvez bien sûr réaliser cette vinaigrette avec de l'huile d'olive ou un mélange d'huiles de noix et de noisette.

2 cuil. à soupe de vinaigre de xérès • 1 cuil. à café de moutarde de Dijon • 6 cuil. à soupe d'huile végétale neutre • 1 échalote • 1 cuil. à soupe de ciboulette • 1 cuil. à soupe de persil • 1 cuil. à soupe de cerfeuil • Sel, poivre du moulin

1. Dans un bol, versez le vinaigre et délayez-y un peu de sel. Poivrez puis ajoutez la moutarde. Mélangez bien puis versez l'huile en un mince filet tout en fouettant. Rectifiez l'assaisonnement si besoin.

2. Épluchez puis hachez finement l'échalote. Lavez puis hachez finement la ciboulette, le persil et le cerfeuil. Ajoutez l'échalote et les herbes à la vinaigrette. Mélangez bien.

FACILE

Pour **4** personnes
5 min de préparation
Coût €

VINAIGRETTE THAÏE

1 citron vert • 1 cuil. à soupe de sauce soja • 1 cuil. à soupe de sauce nuoc-mâm • 1 pincée de piment en poudre • 1 cuil. à soupe d'ail haché finement • 1 cuil. à soupe de coriandre hachée • 1 cuil. à soupe de menthe hachée

Matériel
Presse-agrumes

UTILISATIONS
Cette sauce peut être utilisée sur des salades aux fines tranches de bœuf cru, de saumon grillé ou de lard croustillant chaud.

1. Pressez le citron vert. Dans un bol, mélangez le jus de citron avec la sauce soja et la sauce nuoc-mâm.

2. Ajoutez le piment en poudre, l'ail et les herbes. La sauce doit être piquante et très puissante en bouche.

FACILE

Pour **6** personnes
10 min de préparation
Coût €

VINAIGRETTE AIL, CITRON CONFIT ET FENOUIL

1 citron • ¼ de fenouil • 1 gousse d'ail • 6 cuil. à soupe d'huile d'olive • 1 cuil. à café de moutarde douce • Sel

Matériel
Presse-agrumes

1. À l'aide d'un couteau économe, prélevez la peau du citron sans retirer la partie blanche qui est très amère. Coupez ensuite le citron en deux et pressez-le afin d'en récupérer le jus.

2. Plongez la peau du citron dans une petite casserole d'eau. Portez à ébullition. Égouttez la peau puis recommencez cette même opération deux fois. Égouttez à nouveau la peau avant de la couper en bâtonnets puis en petits dés.

3. Retirez le trognon du fenouil et la première côte, puis détaillez la chair en petits dés. Épluchez puis hachez la gousse d'ail.

4. Dans un bol, versez la moitié du jus de citron et délayez-y un peu de sel. Ajoutez la moutarde et mélangez bien. Ajoutez ensuite l'ail, le fenouil, les dés de zeste de citron et l'huile. Gardez au frais.

UTILISATIONS
À servir avec du poisson, des mollusques ou des coquillages. Et, pourquoi pas, avec des huîtres ?

VARIANTES
Pour adoucir cette vinaigrette, remplacez l'ail par des dés de tomate et/ou de courgette. Pour accentuer le côté anisé du fenouil, vous pouvez ajouter quelques gouttes de pastis.

FACILE
Pour **4** personnes
10 min de préparation
Coût €€

VINAIGRETTE AU FRUIT DE LA PASSION

3 fruits de la Passion un peu flétris (bien mûrs) • 6 cuil. à soupe d'huile d'olive • Sel, poivre du moulin

Matériel
Moulin à légumes muni d'une grille fine

1. Coupez les fruits de la Passion en deux. À l'aide d'une cuillère, videz le contenu des coques dans un bol. Passez le tout au moulin à légumes afin d'en récupérer le maximum de jus.

2. Dans un bol, versez le jus des fruits de la Passion et délayez-y un peu de sel. Poivrez et versez l'huile. Mélangez bien puis gardez au frais.

FACILE
Pour **4** personnes
5 min de préparation
Coût €

UTILISATIONS
Ces vinaigrettes accompagnent parfaitement le poisson ou les fruits de mer et les crustacés, comme par exemple un carpaccio de bar ou de cabillaud. La recette aux agrumes se marie très bien avec une salade et des crevettes ou écrevisses, et celle au fruit de la Passion avec des huîtres hachées à la tomate et à la ciboulette.

VINAIGRETTE AUX AGRUMES

¼ de citron jaune • ¼ d'orange • ¼ de pomelo • 1 cuil. à café de moutarde douce • 1 pincée de safran en poudre • 6 cuil. à soupe d'huile de tournesol • Sel, poivre du moulin

Matériel
Presse-agrumes

1. Pressez tous les agrumes. Vous devez obtenir environ 10 cl de jus au total.

2. Dans un bol, versez un peu de jus et délayez-y un peu de sel. Versez le reste de jus et poivrez. Ajoutez la moutarde et le safran, puis mélangez bien. Versez ensuite l'huile en un mince filet tout en fouettant à la fourchette. Gardez au frais.

FACILE

Pour **4** personnes
10 min de préparation
Coût €

VINAIGRETTE À LA FRAMBOISE

100 g de framboises • 1 cuil. à soupe de vinaigre de xérès • 4 cuil. à soupe d'huile d'olive • Sel, poivre du moulin

Matériel
Moulin à légumes muni d'une grille fine

1. Passez les framboises au moulin à légumes. Récupérez le jus et mélangez-le avec le vinaigre et l'huile. Salez et poivrez si besoin. Gardez au frais.

2. Utilisez cette sauce dans une salade au fromage type camembert ou brie. La framboise s'accorde aussi très bien avec les foies de volaille.

FACILE

Pour **4** personnes
15 min de préparation
Coût €

VINAIGRETTE AU JUS DE CERISE

75 g de cerises griottes • 4 cuil. à soupe d'huile végétale • 2 cuil. à soupe d'huile de noix • 1 cuil. à soupe de ciboulette hachée • Sel, poivre du moulin

Matériel
Tamis

1. Dénoyautez les cerises. Mettez-les dans le tamis et pressez-les fortement afin de récupérer le jus. Mélangez le jus avec les huiles et la ciboulette. Salez et poivrez.

2. Cette vinaigrette accommode à merveille un carpaccio de filet mignon de veau.

FACILE

Pour **6** personnes
15 min de préparation
1 h de repos
Coût €

SAUCE CHIEN

1 oignon rouge • 2 gousses d'ail • ½ botte de persil • ½ botte de coriandre • 1 piment oiseau • 1 citron vert • 4 cuil. à soupe d'huile végétale • Sel, poivre du moulin

Matériel
Presse-agrumes

1. Épluchez puis hachez finement l'oignon et les gousses d'ail. Effeuillez puis hachez le persil et la coriandre. Retirez le pédoncule du piment avant de hacher ce dernier. Pressez le citron vert.

2. Transvasez le jus de citron vert dans un bol. Salez, poivrez et versez l'huile. Ajoutez tous les autres ingrédients de la recette ainsi que 10 cl d'eau. Laissez reposer 1 h avant de servir.

UTILISATIONS
Cette sauce est l'alliée des plats exotiques (antillais, mexicains, africains) et des poissons fermes comme le mérou, l'espadon, le thon ou le saumon. À essayer aussi sur des viandes pochées.

CONSEILS
Vous pouvez hacher les ingrédients au couteau pour garder des morceaux ou bien passer le tout au mixeur. Dans ce cas, ajoutez quelques feuilles de salade pour obtenir une belle sauce verte.

VARIANTE
Vous pouvez ajouter des petits dés de tomate pelée et/ou des dés d'avocat et/ou du gingembre haché.

FACILE

Pour **4** personnes
15 min de préparation
Coût €

SAUCE À L'ORANGE ET À LA CAROTTE

1 orange • 1 carotte • ¼ de citron • 5 cl de jus de carotte • 1 cuil. à café de moutarde aux épices • 6 cuil. à soupe d'huile végétale • 1 pincée de cannelle en poudre • 1 cuil. à soupe de coriandre hachée • Sel, poivre du moulin

Matériel
Presse-agrumes

1. À l'aide d'un couteau économe, retirez la peau de l'orange en prenant soin de bien prélever la partie blanche qui est très amère. Détaillez ensuite l'orange en quartiers en suivant les membranes. Coupez ensuite les quartiers en petits morceaux. Épluchez puis coupez en petits dés la carotte. Pressez le citron.

2. Dans un bol, versez le jus de carotte et le jus de citron. Délayez-y un peu de sel et de poivre. Ajoutez la moutarde et mélangez bien. Versez ensuite l'huile et ajoutez les dés de carotte et d'orange, la cannelle et la coriandre hachée. Gardez au frais.

UTILISATIONS
Cette sauce vous transporte au Maroc ! Elle est idéale avec des carottes râpées ou une salade d'oranges coupées en tranches et de rondelles d'oignons rouges. Elle accompagne aussi très bien une salade de poissons, de calmars ou de coquillages.

FACILE

Pour **6** personnes
15 min de préparation
30 min de repos
Coût €

SAUCE AU JUS DE CAROTTE ET AU FENOUIL

5 ou 6 feuilles de céleri-branche • 1 carotte • ¼ de fenouil • 4 cuil. à soupe de jus de carotte • 6 cuil. à soupe d'huile d'olive • ¼ de citron • Sel, poivre du moulin

1. Effeuillez, rincez et coupez finement le céleri. Épluchez la carotte, coupez-la d'abord en tronçons, puis en lamelles, en bâtonnets et enfin en petits dés. Retirez le trognon et la première côte du fenouil. Coupez-le également en petits dés.

2. Dans un petit bol, mélangez les dés de fenouil avec les dés de carotte. Salez et laissez dégorger pendant 30 min avant de rincer les légumes et de les égoutter.

3. Dans un bol, mélangez le jus de carotte avec l'huile. Salez, poivrez, puis pressez le citron au-dessus du bol. Ajoutez enfin les dés de carotte et de fenouil, puis le céleri.

UTILISATIONS

Encore une fois, vous pouvez utiliser cette sauce sur une salade composée du type mesclun, haricots verts, tomates, mozzarella et pignons de pin. Vous pouvez également préparer des papillotes de poissons et/ou de légumes et les accommoder de quelques cuillerées à soupe de cette sauce.

FACILE

Pour **6** personnes
15 min de préparation
1 h de repos
Coût €

BOUILLON DE LÉGUMES ACIDE AUX LÉGUMES CRUS

1 tomate Roma • 1 échalote • ½ poivron vert • ¼ de courgette • 1 cuil. à soupe d'olives noires à la grecque • ½ citron • 4 cuil. à soupe d'huile d'olive • 2 cuil. à soupe de ciboulette ciselée • 10 cl de bouillon de légumes maison (voir recette p. 12) ou du commerce • Sel, poivre du moulin

1. Portez à ébullition une casserole d'eau. Incisez en croix la tomate et ébouillantez-la pendant 1 min. Pelez-la, coupez-la en quatre afin de retirer les pépins, puis hachez la chair.

2. Épluchez puis hachez l'échalote. Nettoyez le poivron et la courgette. Ouvrez le poivron et retirez les membranes et les graines. Coupez en petits dés le poivron et la courgette. Dénoyautez les olives, passez-les sous l'eau froide et épongez-les avant de les couper en rondelles.

3. Pressez le citron au-dessus d'un bol et délayez-y un peu de sel. Poivrez et versez l'huile. Ajoutez tous les autres ingrédients de la recette et versez le bouillon. Laissez reposer 1 h avant utilisation.

UTILISATIONS

Versez ce bouillon sur un poisson rôti ou grillé. Pour une utilisation plus originale, versez-le dans le fond d'une assiette creuse et posez par-dessus des asperges et un œuf poché, un pavé de cabillaud, une poêlée de calamars, un morceau de langouste grillée ou encore des pâtes au jambon cru.

FACILE

Pour **6** personnes
20 min de préparation
10 min de cuisson
Coût €

SALSA AU PIMENT

1 poivron vert • 1 poivron rouge • 1 gousse d'ail • 1 échalote • 1 piment rouge antillais • 1 botte de coriandre • 2 tomates Roma • 1 citron vert • 10 cl d'huile d'olive • Sel, poivre du moulin

Matériel
Presse-agrumes

1. Piquez sur une fourchette à viande les poivrons un à un et faites-les noircir sous la flamme de la gazinière ou d'un chalumeau. Mettez-les dans un saladier, couvrez-les et laissez reposer le temps de préparer le reste de la recette.

2. Épluchez puis hachez finement l'ail, l'échalote et le piment (utilisez des gants et ne vous touchez surtout pas les yeux ou la bouche). Effeuillez et hachez la coriandre.

3. Portez une casserole d'eau à ébullition. Incisez en croix la base des tomates et ébouillantez-les pendant 1 min. Pelez-les, pressez-les entre vos mains afin de retirer les graines et hachez la chair.

4. Retirez la peau des poivrons, coupez-les en deux afin d'enlever les graines et les membranes blanches se trouvant à l'intérieur ainsi que le pédoncule. Détaillez la chair en petits dés. Pressez le citron vert.

5. Dans un grand bol, mélangez les dés de poivron avec les tomates, l'ail, le piment, l'échalote et la coriandre. Salez et poivrez. Versez le jus de citron ainsi que l'huile d'olive. Mélangez bien et gardez au frais.

UTILISATIONS
Voici une sauce idéale pour des viandes rôties, des poissons grillés ou des plats tex-mex.

CONSEIL
Si vous redoutez le piment, coupez-le en deux, retirez les graines blanches et n'utilisez que la chair rouge.

- FAIT MAISON -

SAUCES CHAUDES

DIFFICILE

Pour **6** personnes
15 min de préparation
25 min de cuisson
Coût €

SAUCE BÉARNAISE

1 cuil. à café de grains de poivre noir • ½ botte d'estragon • ½ botte de cerfeuil • 2 échalotes • 10 cl de vinaigre de xérès • 10 cl de vin blanc • 100 g de beurre • 10 cl de crème liquide • 4 jaunes d'œufs • Sel

1. Posez le poivre sur une planche en bois et écrasez les grains à l'aide du fond d'une casserole. Effeuillez l'estragon et le cerfeuil. Épluchez et hachez les échalotes. Mettez les herbes, les échalotes et le poivre dans la casserole, puis versez le vinaigre et le vin blanc. Posez sur le feu, portez à ébullition, puis laissez réduire jusqu'à évaporation complète du liquide.

2. Dans une autre casserole, faites fondre le beurre avec la crème. Mettez les jaunes d'œufs dans un saladier et placez-le au bain-marie (au-dessus d'une casserole d'eau frémissante). Versez 2 cuil. à soupe d'eau et commencez à fouetter les jaunes d'œufs afin de les faire gonfler et mousser.

3. Lorsqu'ils ont doublé de volume, versez petit à petit le mélange beurre-crème. Faites attention à ce que la température du bain-marie, et donc de la sauce, ne monte pas trop (vous devriez pouvoir supporter sans vous brûler de mettre votre doigt dans la sauce.

4. La sauce doit à la fin presque ressembler à de la mayonnaise. Coupez le feu, salez puis ajoutez petit à petit la réduction d'herbes au poivre. Dosez-la selon vos goûts. Servez aussitôt.

CONSEIL

La sauce béarnaise est une sauce liée à chaud, ce qui signifie que vous ne pouvez pas la garder au réfrigérateur car elle se déliera.

VARIANTES

Épluchez puis hachez 3 tomates. Faites-les revenir avec un peu d'huile, de sel, de poivre et 1 cuil. à café de sucre en poudre pendant 30 min. Passez le tout au moulin à légumes muni d'une grille fine et ajoutez le mélange à votre sauce. Pour une version plus originale, vous pouvez également remplacer l'estragon et le cerfeuil par des herbes exotiques : basilic thaï, coriandre et surtout brède mafane (herbe malgache ou réunionnaise).

FACILE

Pour **6** personnes
10 min de préparation
15 min de cuisson
Coût €€€

SAUCE AUX MORILLES

2 échalotes • 100 g de morilles fraîches • Quelques brins ciboulette • 25 g de beurre • 10 cl de vin blanc • 10 cl de bouillon de volaille maison (voir recette p. 14) ou du commerce • 25 cl de crème liquide • Sel, poivre du moulin

1. Épluchez puis hachez les échalotes. Coupez les morilles en deux dans le sens de la longueur et nettoyez-les sous l'eau froide afin d'éliminer le sable. Hachez le plus finement possible la ciboulette.

2. Dans une poêle, faites fondre le beurre puis faites-y revenir à feu moyen les échalotes hachées et les morilles. Lorsque les échalotes sont translucides, versez le vin et le bouillon de volaille, puis laissez réduire le tout presque à sec.

3. Versez alors la crème et portez à ébullition, puis laissez réduire à nouveau de moitié afin d'obtenir une sauce nappante et épaisse. Salez et poivrez à votre convenance. Parsemez de ciboulette et servez aussitôt.

UTILISATIONS

Cette sauce est délicieuse avec des viandes blanches grillées (veau ou poulet) ou sur des asperges vertes accompagnées d'œufs pochés et d'œufs de saumon.

CONSEILS

Pour cette recette, vous pouvez aussi utiliser des morilles surgelées ou déshydratées. Faites alors tremper ces dernières dans de l'eau pendant quelques minutes avant utilisation.

FACILE

Pour **6** personnes
10 min de préparation
15 min de cuisson
Coût €

SAUCE AU POIVRE

2 échalotes • 1 cuil. à café de grains de poivre noir • 25 g de beurre • 10 cl de vin blanc • 15 cl de fond de veau maison (voir variantes du bouillon de volaille p. 14) ou du commerce • 25 cl de crème liquide • Sel, poivre du moulin

1. Épluchez puis hachez les échalotes. Posez le poivre sur une planche ou un plan de travail et écrasez-le avec le fond d'une casserole ou un rouleau à pâtisserie.

2. Dans une poêle, faites fondre le beurre puis faites-y revenir à feu moyen les échalotes hachées. Lorsqu'elles sont translucides, versez le vin et le fond de veau, puis laissez réduire presque aux deux tiers.

3. Versez alors la crème et le poivre. Portez à ébullition et laissez réduire à nouveau de moitié afin d'obtenir une sauce nappante et épaisse. Salez et poivrez, puis servez aussitôt.

UTILISATION

Voici une sauce à mettre entre les mains de toutes les viandes !

VARIANTE

Réalisez une sauce au porto. Suivez la même recette pas à pas, retirez le poivre et ajoutez juste avant de servir 4 cuil. à soupe de porto rouge.

FACILE

Pour **6** personnes
10 min de préparation
15 min de cuisson
Coût €

SAUCE AU POIVRE VERT ET AU POIVRON

15 de vinaigre de xérès • 2 cuil. à soupe de sucre en poudre • 15 cl de vin blanc sec • 10 cl de bouillon de volaille maison (voir recette p. 14) ou du commerce • 1 petite boîte de poivre vert • ½ poivron rouge • 25 cl de crème liquide • 2 cuil. à soupe de porto rouge • Sel

1. Dans une casserole, mélangez le vinaigre et le sucre en poudre. Laissez réduire sur le feu jusqu'à ce que le mélange se transforme en sirop. Versez alors le vin blanc et le bouillon, puis laissez réduire à nouveau.

2. Pendant ce temps, rincez le poivre vert et coupez le demi-poivron rouge en petits dés (après avoir retiré les graines et les membranes blanches).

3. Mettez le tout dans une autre casserole et versez la crème. Laissez cuire à feu doux pendant 10 min environ, jusqu'à réduction de moitié de la sauce. Ajoutez la réduction de vinaigre, puis le porto. Servez aussitôt.

UTILISATIONS
À servir avec du magret de canard ou du filet mignon de porc grillé.

FACILE

Pour **6** personnes
10 min de préparation
15 min de cuisson
Coût €€

SAUCE À LA GROSEILLE

2 échalotes • 100 g de groseilles • 25 g de beurre • 10 cl de vin blanc • 15 cl de bouillon de volaille maison (voir recette p. 14) ou du commerce • 25 cl de crème liquide • Sel, poivre du moulin

1. Épluchez puis hachez les échalotes. Rincez et égouttez les groseilles.

2. Dans une poêle, faites fondre le beurre, puis faites-y revenir à feu moyen les échalotes hachées. Lorsqu'elles sont translucides, versez le vin et le bouillon de volaille, puis laissez réduire presque aux deux tiers.

3. Versez alors la crème, portez à ébullition et laissez réduire à nouveau de moitié afin d'obtenir une sauce épaisse.

4. Ajoutez les groseilles, portez à nouveau à ébullition. Salez et poivrez à votre convenance. Servez aussitôt.

UTILISATIONS
Servez cette sauce avec des viandes fortes, comme le gibier (faisan, cerf, etc.) ou des viandes blanches (veau ou porc).

CONSEILS
Si vous désirez corser cette sauce, vous pouvez faire réduire plus longuement le bouillon de volaille ou utiliser du fond de veau ou du fond de bœuf.

VARIANTES
Vous pouvez bien sûr remplacer les groseilles par des myrtilles ou des airelles, voire des mûres ou des framboises.

FACILE

Pour **6** personnes
10 min de préparation
15 min de cuisson
Coût €

SAUCE À L'ESTRAGON

2 échalotes • 1 botte d'estragon • 25 g de beurre • 10 cl de vin blanc • 15 cl de bouillon de volaille maison (voir recette p. 14) ou du commerce • 25 cl de crème liquide • 1 cuil. à café de moutarde forte de Dijon • Sel, poivre du moulin

1. Épluchez puis hachez les échalotes. Effeuillez l'estragon.

2. Dans une poêle, faites fondre le beurre, puis faites-y revenir à feu moyen les échalotes hachées. Lorsqu'elles sont translucides, versez le vin blanc et le bouillon de volaille, puis laissez réduire presque aux deux tiers.

3. Ajoutez alors la crème et la moitié de l'estragon. Portez à ébullition et laissez réduire de moitié afin d'obtenir une sauce épaisse.

4. Ajoutez la moutarde et le reste de l'estragon. Portez à nouveau à ébullition. Salez et poivrez, puis servez aussitôt.

UTILISATIONS

À servir avec toutes les viandes, des poissons ou, pourquoi pas, des pâtes fraîches.

VARIANTES

Dans le même esprit, vous pouvez réaliser une sauce à la moutarde. Pour cela, doublez la quantité de moutarde forte et ajoutez 2 cuil. à soupe de moutarde à l'ancienne. Dans la même famille, vous pouvez aussi demander la sauce au raifort. Faites les mêmes modifications que pour la sauce à la moutarde et remplacez la moutarde à l'ancienne par 1 ou 2 cuil. à café de raifort râpé.

DIFFICILE

Pour **6** personnes
10 min de préparation
20 min de cuisson
Coût €€

SAUCE AU CHAMPAGNE

50 cl de champagne ou de crémant • 100 g de beurre • 10 cl de crème liquide • 4 jaunes d'œufs • 1 citron • Sel, poivre du moulin

1. Dans une casserole à feu moyen, versez le champagne et faites-le réduire aux trois quarts afin d'obtenir un concentré.

2. Dans une autre casserole à feu doux, faites fondre le beurre avec la crème liquide.

3. Dans un saladier, versez les jaunes d'œufs et 2 cuil. à soupe d'eau chaude. Mettez au bain-marie (au-dessus d'une casserole d'eau chaude) et commencez à fouetter afin de faire gonfler et mousser les œufs.

4. Lorsqu'ils ont doublé de volume, versez petit à petit le mélange beurre-crème. Faites attention à ce que la température du bain-marie, et donc de la sauce, ne monte pas trop (vous devriez pouvoir supporter de mettre votre doigt dans la sauce sans vous brûler).

5. La sauce doit presque ressembler à de la mayonnaise. Coupez le feu et ajoutez le concentré de champagne, du sel et du poivre. Servez aussitôt.

UTILISATIONS
Voici la sauce idéale pour accompagner des poissons fins (sole, turbot, saint-pierre) ou des huîtres chaudes cuites.

FACILE

Pour **6** personnes
10 min de préparation
15 min de cuisson
Coût €

SAUCE À L'OSEILLE

2 échalotes • 1 botte d'oseille • 10 cl de vin blanc • 25 cl de crème liquide • 15 cl de bouillon de volaille maison (voir recette p. 14) ou du commerce • 50 g de beurre • Sel, poivre du moulin

1. Épluchez puis hachez les échalotes. Nettoyez l'oseille, retirez la nervure centrale, puis ciselez finement les feuilles.

2. Dans une casserole, versez le vin blanc et ajoutez les échalotes. Mettez sur le feu et faites réduire presque à sec.

3. Ajoutez alors la crème et le bouillon, puis laissez à nouveau réduire de moitié. Coupez le feu et ajoutez le beurre préalablement coupé en petits morceaux.

4. Fouettez la sauce jusqu'à ce que le beurre ait complètement fondu (monter la sauce au beurre). Salez et poivrez à votre convenance, puis ajoutez l'oseille.

UTILISATION
Cette sauce est servie avec du saumon poché. Il s'agit d'un plat emblématique de la nouvelle cuisine, inventé par la famille Troisgros.

FACILE

Pour **6** personnes
10 min de préparation
15 min de cuisson
Coût €€

SAUCE AUX CHAMPIGNONS

150 g de champignons sauvages mélangés (ou un mélange tout prêt surgelé ou déshydraté) • 2 échalotes • ½ botte de cerfeuil • 25 g de beurre • 10 cl de vin blanc sec • 15 cl de bouillon de volaille maison (voir recette p. 14) ou du commerce • 25 cl de crème liquide • Sel, poivre du moulin

1. Si les champignons sont frais, nettoyez-les. Épluchez puis hachez les échalotes. Effeuillez le cerfeuil.

2. Dans une poêle, faites fondre le beurre, puis faites-y revenir les échalotes avec les champignons, jusqu'à ce que les échalotes soient translucides.

3. Versez alors le vin blanc et le bouillon de volaille. Faites réduire aux trois quarts. Ajoutez la crème et faites à nouveau réduire de moitié. Salez et poivrez à votre convenance, puis ajoutez le cerfeuil. Servez aussitôt.

CONSEIL
Pour encore plus de goût, ajoutez 1 gousse d'ail hachée et 1 carotte coupée en petits dés.

FACILE

Pour **6** personnes
5 min de préparation
10 min de cuisson
Coût €€

SAUCE AU FOIE GRAS

25 cl de crème liquide • 10 cl de bouillon de volaille maison (voir recette p. 14) ou du commerce • 150 g de foie gras mi-cuit • 4 cuil. à soupe de porto • Sel, poivre du moulin

1. Dans une casserole, portez à ébullition la crème avec le bouillon de volaille, puis laissez réduire de moitié.

2. Coupez le foie gras en petits morceaux et ajoutez-le à la sauce. Mélangez jusqu'à ce qu'il ait complètement fondu.

3. Ajoutez alors le porto. Salez et poivrez à votre convenance. Servez aussitôt.

UTILISATIONS
Voici une sauce idéale à servir avec un magret de canard ou de la viande de bœuf grillée.

FACILE

Pour **6** personnes
15 min de préparation
15 min de cuisson
Coût €

SAUCE CURRY AUX FRUITS

2 échalotes • 1 gousse d'ail • 2 cm de gingembre frais • 1 botte de coriandre • ½ pomme verte • 1 tranche d'ananas • 30 cl de lait de coco • 2 cuil. à soupe de raisins secs • 1 cuil. à café de curry en poudre • 2 cuil. à soupe de sauce nuoc-mâm • 3 cuil. à soupe d'huile végétale • Sel, poivre du moulin

1. Épluchez puis hachez les échalotes, l'ail et le gingembre. Effeuillez la coriandre. Épluchez la pomme, retirez le cœur et coupez-la en petits dés. Détaillez également l'ananas en petits dés.

2. Dans une casserole, faites revenir dans l'huile l'ail, les échalotes et le gingembre. Lorsque les légumes commencent à dorer, ajoutez le lait de coco, les raisins secs et le curry. Portez à ébullition et laissez réduire d'un tiers.

3. Ajoutez les dés de pomme et d'ananas, puis portez à ébullition. Coupez le feu et ajoutez la coriandre et le nuoc-mâm. Salez et poivrez, puis servez aussitôt.

UTILISATIONS

Servez cette sauce avec une viande blanche grillée ou un poisson grillé.

FACILE

Pour **6** personnes
10 min de préparation
15 min de cuisson
Coût €

SAUCE À L'ORANGE

8 oranges à bouche type navel • 50 g de beurre • 2 cuil. à soupe de sauce soja • Poivre du moulin

Matériel
Presse-agrumes • Tamis

UTILISATIONS
Servez cette sauce avec un magret de canard grillé ou du filet mignon de porc.

1. Coupez les oranges en deux et pressez-les. Passez le jus au travers du tamis. Versez le jus dans une casserole. Mettez sur feu doux et faites réduire aux trois quarts.

2. Ajoutez la sauce soja. Coupez le feu et ajoutez le beurre coupé en morceaux. Fouettez jusqu'à ce qu'il ait complètement fondu. Poivrez et servez aussitôt.

FACILE

Pour **6** personnes
10 min de préparation
30 min de cuisson
Coût €

SAUCE BIGARADE

2 oranges à bouche type navel • 1 l de bouillon de volaille maison (voir recette p. 14) ou du commerce • 50 g de beurre • Sel, poivre du moulin

Matériel
Presse-agrumes • Tamis

UTILISATIONS
Une sauce à servir avec du canard, du porc grillé ou du gibier.

VARIANTES
Vous pouvez remplacer le jus d'orange par du jus de pamplemousse ou, en partie, par du jus de citron.

1. Coupez les oranges en deux et pressez-les. Passez le jus au travers du tamis.

2. Versez le bouillon dans une casserole. Mettez sur feu doux et faites réduire aux trois quarts. Le bouillon doit devenir épais et d'une couleur foncée. Ajoutez le jus d'orange et faites à nouveau réduire pendant 5 à 10 min.

3. Coupez le feu et ajoutez le beurre coupé en morceaux. Fouettez jusqu'à ce qu'il ait complètement fondu. Salez et poivrez à votre convenance. Servez aussitôt.

FACILE

Pour **6** personnes
15 min de préparation
10 min de cuisson
Coût €

SAUCE BÉCHAMEL

30 g de beurre • 30 g de farine • 40 cl de lait • 10 cl de bouillon de légumes maison (voir recette p. 12) ou du commerce • Noix muscade fraîchement râpée • Sel, poivre du moulin

1. Dans une casserole, faites fondre le beurre. Ajoutez alors la farine et liez bien l'ensemble au fouet afin d'obtenir une base homogène.

2. Laissez cuire quelques secondes afin de faire blondir le mélange (le roux).

3. Versez le lait et le bouillon de légumes, puis faites cuire sans cesser de remuer à l'aide d'un fouet jusqu'à ce que vous obteniez une sauce épaisse.

4. Salez et poivrez à votre convenance. Ajoutez un peu de noix muscade puis utilisez la sauce rapidement.

UTILISATIONS
Pour des gratins ou des lasagnes.

VARIANTES
Vous pouvez aromatiser cette béchamel avec des herbes hachées, des épices comme le curry ou, pour corser son goût, du bouillon de volaille ou du fond de veau.
Une délicieuse variante consiste à y ajouter du gruyère râpé (environ 25 g). Vous obtenez une sauce Mornay.
Vous pouvez aussi utiliser du parmesan ou du cheddar.

FACILE

Pour **6** personnes
15 min de préparation
15 min de cuisson
Coût €

SAUCE BORDELAISE

6 échalotes • 2 os à moelle • 40 cl de vin rouge • Sel, poivre du moulin

1. Épluchez puis hachez le plus finement possible les échalotes. Retirez la moelle des os.

2. Dans une grande poêle chaude, faites fondre à feu doux la moelle. Ajoutez les échalotes et faites-les cuire à feu doux jusqu'à ce qu'elles deviennent translucides.

3. Versez le vin rouge, portez à ébullition et laissez réduire de moitié. Salez et poivrez, puis servez aussitôt.

UTILISATIONS

Cette sauce accompagne à merveille la viande de bœuf grillée comme les bavettes, la poire, le merlan ou la hampe.

CONSEILS

Cette sauce est assez liquide. Vous pouvez l'épaissir en y ajoutant un peu de farine, mais le goût en sera légèrement modifié. Vous pouvez également ajoutez un peu de crème ou du concentré de tomates. Selon le vin utilisé, la sauce peut être légèrement amère. Dans ce cas, ajoutez un peu de sucre en poudre.

VARIANTE

Si vous réalisez cette sauce sans moelle, vous obtenez une sauce marchand de vin.

FACILE

Pour **6** personnes
15 min de préparation
20 min de cuisson
Coût €

SAUCE SATAY

3 cuil. à soupe de cacahuètes • ½ cuil. à café de graines de cumin • 1 cuil. à café de graines de coriandre • 2 échalotes • 1 gousse d'ail • 2 cm de gingembre frais • 1 citron vert • 1 botte de coriandre • 30 cl de lait de coco • 1 petit morceau de piment rouge • 1 cuil. à café de cassonade • 1 cuil. à soupe de sauce nuoc-mâm • 4 cuil. à soupe d'huile d'arachide • Sel, poivre du moulin

Matériel
Presse-agrumes • Robot-mixeur

1. Dans une poêle, faites revenir sans matière grasse les cacahuètes, les graines de cumin et de coriandre pendant 5 min. Épluchez les échalotes, l'ail et le gingembre. Pressez le citron vert. Effeuillez la coriandre.

2. Dans une casserole, faites revenir dans l'huile chaude l'ail, le gingembre et les échalotes. Au bout de 3 ou 4 min de cuisson, ajoutez le lait de coco, le piment, le jus de citron et le reste des ingrédients.

3. Portez à ébullition et laissez réduire à feu moyen pendant 15 min. Mixez longuement la sauce jusqu'à ce qu'elle soit homogène et d'une belle couleur jaune foncé.

UTILISATIONS
Cette sauce accompagne à merveille toutes les viandes, les poissons et les crustacés grillés. Vous pouvez aussi l'utiliser dans une papillote réalisée en feuille de bananier pour une touche originale.

CONSEIL
Vous pouvez utiliser cette sauce comme une simple sauce ou comme une marinade sur du poisson ou de la viande.

FACILE

Pour **6** personnes
30 min de préparation
20 min de cuisson
Coût €

SAUCE AU CURRY VERT

2 gousses d'ail • 2 échalotes • 3 cm de galanga (gingembre thaïlandais) ou, à défaut, du gingembre • 1 cœur de branche de citronnelle • 1 combava (citron vert thaïlandais) • 1 botte de coriandre avec les racines • 1 botte de basilic thaï • 1 cuil. à café de graines de cumin • 1 cuil. à café de graines de coriandre • ¼ de noix muscade • 2 petits piments verts frais • 1 cuil. à café de pâte de crevettes (dans les épiceries asiatiques) • 40 cl de lait de coco • 1 cuil. à soupe de cassonade • 2 cuil. à soupe de sauce nuoc-mâm • 4 cuil. à soupe d'huile végétale • Poivre du moulin

Matériel
Robot-mixeur

1. Épluchez puis hachez grossièrement l'ail, les échalotes, le galanga et la citronnelle. Nettoyez la coriandre et le basilic et effeuillez-les. À l'aide d'un couteau économe, prélevez la peau du combava.

2. Dans une poêle sans matière grasse, faites revenir les graines de cumin, les graines de coriandre et la noix muscade pendant 4 ou 5 min.

3. Dans le bol du mixeur, mettez les épices torréfiées avec les échalotes, l'ail, le galanga, la citronnelle, les racines et les tiges de coriandre, les piments verts, le zeste de combava et la pâte de crevettes. Actionnez le robot jusqu'à ce que vous obteniez une pâte homogène. Si le robot a du mal à mixer, versez un peu d'eau ou de lait de coco.

4. Dans une poêle, faites revenir 2 cuil. à soupe de pâte de curry vert dans l'huile pendant 4 ou 5 min. Ajoutez le lait de coco et la cassonade, puis faites réduire d'un tiers afin d'obtenir une sauce épaisse. Assaisonnez avec la sauce nuoc-mâm et un peu de poivre. Coupez le feu et, juste avant de servir, ajoutez le basilic thaï et les feuilles de coriandre.

UTILISATIONS
Plongez des lanières de poulet, de bœuf tendre ou des crevettes dans la sauce pendant 5 min avant de servir avec des crudités et du riz.

CONSEIL
Avec cette sauce au curry faite à base de pâte d'épices, vous entrez au cœur de la cuisine thaïlandaise, probablement l'une des meilleures cuisines au monde et certainement la meilleure d'Asie. Ces pâtes de curry entrent dans la composition de beaucoup de plats thaïs et les recettes sont innombrables. Vous en trouverez quelques-unes dans ce livre mais à vous ensuite de les personnaliser en y ajoutant ou retirant des ingrédients.

FACILE

Pour **6** personnes
30 min de préparation
20 min de cuisson
Coût €

SAUCE AU CURRY JAUNE

2 gousses d'ail • 2 échalotes • 3 cm de galanga (gingembre thaïlandais) ou, à défaut, du gingembre • 3 cm de curcuma frais ou 2 cuil. à soupe de curcuma en poudre • 1 cœur de branche de citronnelle • 1 botte de coriandre • 1 botte de basilic thaï • 1 combava (citron vert thaïlandais) • ¼ de cuil. à café de poivre blanc en grains • 2 cuil. à café de graines de coriandre • ¼ de noix muscade • 2 petits piments rouges frais • 40 cl de lait de coco • 1 cuil. à soupe de cassonade • 2 cuil. à soupe de sauce nuoc-mâm • 4 cuil. à soupe d'huile végétale • Poivre du moulin

Matériel
Robot-mixeur

1. Épluchez puis hachez grossièrement l'ail, les échalotes, le galanga, le curcuma et la citronnelle. Effeuillez la coriandre et le basilic. À l'aide d'un couteau économe, prélevez la peau du combava.

2. Dans une poêle sans matière grasse, faites revenir les grains de poivre, les graines de coriandre et la noix muscade pendant 4 ou 5 min.

3. Dans le bol du mixeur, mettez les épices torréfiées avec les échalotes, l'ail, le galanga, la citronnelle, les piments rouges et le zeste de combava. Actionnez le robot jusqu'à ce que vous obteniez une pâte homogène. Si le robot a du mal à mixer, versez un peu d'eau ou de lait de coco.

4. Dans une poêle, faites revenir 2 cuil. à soupe de pâte de curry jaune dans l'huile pendant 4 ou 5 min. Ajoutez le lait de coco et la cassonade, puis faites réduire d'un tiers afin d'obtenir une sauce épaisse. Assaisonnez avec la sauce nuoc-mâm et un peu de poivre. Coupez le feu et, juste avant de servir, ajoutez le basilic thaï et la coriandre.

CONSEIL
La pâte de curry se congèle à merveille. Faites-en de grosses quantités et divisez-les en petites portions dans des pots de yaourt avant de les congeler et de les utiliser pour des déjeuners ou des dîners improvisés.

FACILE

Pour **6** personnes
30 min de préparation
40 min de cuisson
Coût €

SAUCE AU CURRY ROUGE

4 cuil. à soupe de cacahuètes • 3 gousses d'ail • 3 échalotes rouges • 3 cm de galanga (gingembre thaïlandais) ou, à défaut, du gingembre • 1 cœur de branche de citronnelle • 1 botte de coriandre • ½ botte de menthe • 1 combava (citron vert thaïlandais) • ½ cuil. à café de piments oiseaux séchés • 1 cuil. à café de paprika • 1 cuil. à soupe de graines de coriandre • ½ noix muscade • 40 cl de lait de coco • 1 cuil. à soupe de cassonade • 2 cuil. à soupe de sauce nuoc-mâm • 4 cuil. à soupe d'huile végétale • Poivre du moulin

Matériel
Robot-mixeur

1. Dans une casserole, mettez les cacahuètes et couvrez largement d'eau froide. Portez à ébullition et laissez cuire 20 min. Égouttez les cacahuètes.

2. Épluchez puis hachez grossièrement l'ail, les échalotes, le galanga et la citronnelle. Effeuillez la coriandre et la menthe. À l'aide d'un couteau économe, prélevez la peau du combava.

3. Dans une poêle sans matière grasse, faites revenir les piments, le paprika, les graines de coriandre et la noix muscade pendant 3 ou 4 min.

4. Dans le bol du mixeur, mettez les épices torréfiées avec les cacahuètes, les échalotes, l'ail, le galanga, la citronnelle et le zeste de combava. Actionnez le robot jusqu'à ce que vous obteniez une pâte homogène. Si le robot a du mal à mixer, versez un peu d'eau ou de lait de coco.

5. Dans une poêle, faites revenir 2 cuil. à soupe de pâte de curry rouge dans l'huile pendant 4 ou 5 min. Ajoutez le lait de coco et la cassonade, puis faites réduire d'un tiers afin d'obtenir une sauce épaisse. Assaisonnez avec la sauce nuoc-mâm et un peu de poivre. Coupez le feu et, juste avant de servir, ajoutez la menthe et la coriandre.

UTILISATIONS

La pâte de curry rouge est puissante en goût et accommode à merveille les viandes goûteuses : bœuf, agneau ou porc. Elle est la base des plats que l'on appelle les « panaeng » qui sont des ragoûts de viande cuite lentement (comme un pot-au-feu) dans du lait de coco assaisonné avec la pâte de curry rouge.

FACILE

Pour **6** personnes
15 min de préparation
30 min de cuisson
Coût €

SAUCE TOMATE

1 gousse d'ail • 2 échalotes • 8 tomates Roma • ½ poivron rouge • 1 pincée de sucre en poudre • 3 cuil. à soupe d'huile d'olive • Sel, poivre

Matériel
Robot-mixeur

1. Épluchez puis hachez l'ail et les échalotes. Portez une casserole d'eau à ébullition. Incisez la base des tomates. Ébouillantez-les pendant 1 min, puis pelez-les avant de les hacher. Retirez les graines et les membranes blanches du poivron puis détaillez la chair en petits cubes.

2. Dans une casserole, faites revenir l'ail, les échalotes et le poivron dans l'huile chaude. Laissez cuire 2 ou 3 min à feu vif sans cesser de remuer. Ajoutez ensuite les tomates et le sucre. Salez et poivrez.

3. Couvrez et laissez cuire à feu moyen pendant 15 min. Retirez le couvercle et laissez à nouveau cuire 15 min. La sauce doit être épaisse et il ne doit plus y avoir d'eau qui surnage en surface.

4. Rectifiez l'assaisonnement si besoin, puis passez la sauce au mixeur à vitesse maximale afin de bien l'homogénéiser. Servez chaud ou froid.

CONSEILS
Cette sauce tomate de base peut être utilisée en toute occasion. De plus, elle se congèle parfaitement. Divisez-la en petites portions (dans des bacs à glaçons par exemple) afin d'en avoir toujours sous la main.

FACILE

Pour **6** personnes
15 min de préparation
30 min de cuisson
Coût €

SAUCE ARRABIATA

1 gousse d'ail • 2 échalotes • 8 tomates Roma • 1 pincée de sucre en poudre • 2 petits piments rouges séchés • 2 cm de gingembre frais • 3 cuil. à soupe d'huile d'olive • Sel, poivre du moulin

Matériel
Robot-mixeur

1. Épluchez puis hachez l'ail, le gingembre et les échalotes. Portez une casserole d'eau à ébullition. Incisez la base des tomates. Ébouillantez-les pendant 1 min, puis pelez-les avant de les hacher.

2. Dans une casserole, faites revenir l'ail, le gingembre, les piments et les échalotes dans l'huile d'olive chaude. Laissez cuire 2 ou 3 min à feu vif sans cesser de remuer. Ajoutez ensuite les tomates et le sucre. Salez et poivrez.

3. Couvrez et laissez cuire à feu moyen pendant 15 min. Retirez le couvercle et laissez à nouveau cuire 15 min. La sauce doit être épaisse et il ne doit plus y avoir d'eau qui surnage en surface.

4. Rectifiez l'assaisonnement si besoin, puis passez la sauce au mixeur à vitesse maximale afin de bien l'homogénéiser. Servez chaud ou froid.

FACILE

Pour **6** personnes
15 min de préparation
15 min de cuisson
Coût €

SAUCE TOMATE AU FENOUIL

1 gousse d'ail • 2 échalotes • 8 tomates Roma • 1 petit bulbe de fenouil • ½ botte de basilic à petites feuilles • 1 cuil. à soupe de ketchup • 2 cuil. à soupe de vinaigre balsamique • 3 cuil. à soupe d'huile d'olive • Sel, poivre du moulin

Matériel
Robot-mixeur

1. Épluchez puis hachez l'ail et les échalotes. Portez une casserole d'eau à ébullition. Incisez la base des tomates. Ébouillantez-les pendant 1 min, puis pelez-les avant de les hacher. Retirez le trognon et la première côte du fenouil. Coupez-le le plus finement possible. Effeuillez le basilic.

2. Dans une casserole, faites revenir l'ail, les échalotes et le fenouil dans l'huile chaude. Laissez cuire 4 ou 5 min à feu vif sans cesser de remuer. Ajoutez ensuite les tomates, le ketchup et le vinaigre balsamique. Salez et poivrez.

3. Laissez cuire à feu moyen pendant 5 min en remuant souvent. Rectifiez l'assaisonnement si besoin, puis passez la sauce au mixeur à vitesse maximale afin de bien l'homogénéiser. Ajoutez le basilic. Servez chaud ou froid.

UTILISATIONS
Cette sauce accompagne très bien des poissons, des crustacés ou des fruits de mer.

CONSEIL
Cette sauce tomate n'est pas trop cuite afin de lui donner un côté frais et presque cru.

FACILE

Pour **6** personnes
15 min de préparation
40 min de cuisson
Coût €

SAUCE BOLOGNAISE

1 gousse d'ail • 2 échalotes • 8 tomates Roma • ½ poivron rouge • 1 carotte • 1 botte de persil plat • 300 g de viande hachée • 15 cl de vin rouge • 1 pincée de sucre en poudre • 1 branche de thym • 2 feuilles de laurier • 3 cuil. à soupe d'huile d'olive • Sel, poivre du moulin

1. Épluchez puis hachez l'ail et les échalotes. Portez une casserole d'eau à ébullition. Incisez la base des tomates. Ébouillantez-les pendant 1 min, puis pelez-les avant de les hacher. Retirez les graines et les membranes blanches du poivron et détaillez la chair en petits cubes. Épluchez et coupez en petits dés la carotte. Effeuillez le persil plat.

2. Dans une casserole, faites revenir l'ail, les échalotes, la carotte et le poivron dans l'huile chaude. Laissez cuire 2 ou 3 min à feu vif sans cesser de remuer. Ajoutez la viande et laissez-la cuire quelques minutes. Versez ensuite le vin et portez à ébullition. Ajoutez alors les tomates, le persil, le sucre, le thym et le laurier. Salez et poivrez.

3. Couvrez et laissez cuire à feu moyen pendant 20 min. Retirez le couvercle et laissez à nouveau cuire 20 min. La sauce doit être épaisse et il ne doit plus y avoir d'eau qui surnage en surface. Retirez le thym et le laurier. Rectifiez l'assaisonnement si besoin, puis servez chaud.

CONSEILS

Il y a probablement autant de recettes de sauce bolognaise que d'habitants à Bologne. En voici une dans laquelle on aurait pu ajouter de petits morceaux de navet, de fenouil ou de poireau, ou encore du piment.

FACILE

Pour **6** personnes
15 min de préparation
40 min de cuisson
Coût €

SAUCE GREMOLATA

3 oranges à jus • 1 citron • 2 cuil. à soupe de sucre en poudre • 20 cl de vin moelleux type Monbazillac • Poivre du moulin

Matériel
Presse-agrumes

1. À l'aide d'un couteau économe, prélevez la peau des oranges et du citron. Mettez les zestes dans une casserole d'eau froide et portez à ébullition. Recommencez l'opération une seconde fois.

2. Égouttez les zestes et épongez-les, puis coupez-les en petits dés. Mettez-les dans une casserole avec le sucre et couvrez d'eau. Portez à ébullition et laissez cuire pendant 15 min (il ne doit plus rester beaucoup de liquide dans votre casserole).

3. Pressez les oranges puis versez le jus obtenu et le vin dans une casserole. Portez à ébullition et laissez réduire aux deux tiers. Assaisonnez avec un peu de poivre et quelques gouttes de jus de citron.

4. Ajoutez les zestes d'orange et de citron, portez à ébullition puis servez aussitôt.

UTILISATIONS
Faites griller une tranche de foie gras dans une poêle et servez-la accompagnée de cette sauce. Vous pouvez aussi l'utiliser avec des langoustines grillées, du veau ou du porc grillé.

FACILE
Pour **6** personnes
10 min de préparation
10 min de cuisson
Coût €

SAUCE SALTIMBOCCA

2 échalotes • 4 tranches de jambon cru italien • 10 feuilles de sauge • 15 cl de vin blanc • 10 cl de bouillon de volaille maison (voir recette p. 14) ou du commerce • 2 cuil. à soupe d'huile d'olive • Sel, poivre du moulin

1. Épluchez puis émincez finement les échalotes. Coupez le jambon en petits lardons. Pliez les feuilles de sauge en deux afin de retirer la nervure centrale puis coupez-les en très fins bâtonnets.

2. Dans une poêle, faites revenir le jambon et les échalotes dans l'huile d'olive. Lorsque le jambon commence à bien griller, versez le vin blanc et le bouillon. Laissez réduire de moitié. Salez et poivrez, ajoutez la sauge, puis servez aussitôt.

UTILISATIONS
Cette sauce accompagne à merveille les viandes blanches et les poissons.

FACILE
Pour **6** personnes
10 min de préparation
15 min de cuisson
Coût €€

SAUCE À L'ENCRE DE SEICHE

2 échalotes • 1 gousse d'ail • 10 cl de vin blanc sec • 15 cl de bouillon de volaille maison (voir recette p. 14) ou du commerce • 25 cl de crème fraîche • 2 cuil. à soupe d'encre de seiche • 4 cuil. à soupe d'huile d'olive • Poivre du moulin

1. Épluchez puis hachez les échalotes et l'ail.

2. Dans une casserole, faites revenir l'ail et les échalotes dans l'huile d'olive. Lorsque les échalotes deviennent translucides, versez le vin blanc et le bouillon, puis laissez réduire le tout presque à sec.

3. Ajoutez la crème et faites réduire encore de moitié. Versez l'encre de seiche qui va complètement noircir la préparation. Poivrez et servez aussitôt.

UTILISATION
Cette sauce est délicieuse avec des pâtes ou sur une pizza avec des rondelles crues de calmars, de la roquette et du parmesan.

CONSEIL
On trouve l'encre de seiche chez les poissonniers ou dans les épiceries italiennes.

FACILE

Pour **6** personnes
15 min de préparation
30 min de cuisson
Coût €

SAUCE AUX CÂPRES ET AUX OLIVES

1 gousse d'ail • 2 échalotes • 8 tomates Roma • ½ poivron rouge • 2 cuil. à soupe de câpres • 1 cuil. à soupe d'olives noires à la grecque • 1 pincée de sucre en poudre • 3 cuil. à soupe d'huile d'olive • Sel, poivre du moulin

Matériel
Robot-mixeur

1. Épluchez puis hachez l'ail et les échalotes. Portez une casserole d'eau à ébullition. Incisez la base des tomates. Ébouillantez-les pendant 1 min puis pelez-les avant de les hacher. Retirez les graines et les membranes blanches du poivron puis détaillez la chair en petits cubes. Égouttez et épongez les câpres. Dénoyautez les olives, passez-les sous l'eau et épongez-les.

2. Dans une casserole, faites revenir l'ail, les échalotes et le poivron dans l'huile chaude. Laissez cuire 2 ou 3 min à feu vif sans cesser de remuer. Ajoutez les tomates, le sucre, du sel et du poivre.

3. Couvrez et laissez cuire à feu moyen pendant 15 min. Retirez le couvercle et laissez à nouveau cuire 15 min. La sauce doit être épaisse et il ne doit plus y avoir d'eau qui surnage à la surface.

4. Rectifiez l'assaisonnement, puis passez la sauce au mixeur à vitesse maximale afin de l'homogénéiser. Ajoutez les câpres et les olives. Servez chaud ou froid.

UTILISATIONS
Cette sauce est délicieuse froide avec des poissons grillés ou des viandes froides.

- FAIT MAISON -

CHUTNEYS

FACILE

Pour **2** pots
15 min de préparation
45 min de cuisson
Coût €

CHUTNEY DE CHOU ROUGE

1 gousse d'ail • 2 cm de gingembre frais • 1 petit chou rouge • 25 g de beurre • 75 g de sucre en poudre • 75 g de miel liquide • 10 cl de vinaigre de xérès • 1 bâton de cannelle • 2 cuil. à soupe d'huile végétale • Sel, poivre du moulin

Matériel
2 grands pots à confiture stérilisés

1. Épluchez puis hachez l'ail et le gingembre. Retirez les premières feuilles du chou et coupez-le le plus finement possible en retirant les nervures trop grosses. Mettez le chou dans une casserole, couvrez d'eau froide et portez à ébullition pendant quelques secondes. Égouttez-le.

2. Dans une grande casserole, faites fondre le beurre avec l'huile. Ajoutez le chou, l'ail et le gingembre. Faites cuire à feu doux ou moyen pendant 10 min en remuant de temps en temps. Versez le sucre et le miel, puis laissez caraméliser pendant quelques minutes à feu moyen.

3. Ajoutez alors le vinaigre, la cannelle et 25 cl d'eau. Salez et poivrez. Portez à ébullition et laissez réduire jusqu'à ce qu'il ne reste plus de liquide. Rectifiez l'assaisonnement si besoin.

4. Remplissez les pots à confiture de chutney, fermez-les et retournez-les afin de créer un vide. Laissez refroidir.

CONSEIL
Vous pouvez ajouter des raisins secs ou de petits fruits rouges comme des groseilles ou du cassis.

UN PEU D'HISTOIRE
Les chutneys sont des préparations de fruits ou de légumes indiens épicés, mais pas obligatoirement sucrés. Souvent, ils sont surtout acides. C'est la rencontre de la cuisine indienne et anglaise qui a créé le chutney, les Anglais ayant l'idée de traiter les chutneys comme des confitures et donc d'y ajouter systématiquement du sucre afin de créer un mélange sucré-salé ou aigre-doux.

FACILE

Pour **2** pots
15 min de préparation
45 min de cuisson
Coût €

CHUTNEY DE POMMES

1 gousse d'ail • 2 cm de gingembre frais • 5 pommes golden • 25 g de beurre • 150 g de cassonade • 10 cl de vinaigre de cidre • 1 cuil. à café de garam masala (mélange d'épices indien) • 2 cuil. à soupe d'huile végétale • Sel, poivre du moulin

Matériel
2 grands pots à confiture stérilisés

1. Épluchez puis hachez l'ail et le gingembre. Épluchez les pommes, coupez-les en quartiers et retirez le cœur avant de détailler les chairs en dés de 1 cm de côté.

2. Dans une grande casserole, faites fondre le beurre avec l'huile. Ajoutez les dés de pomme, l'ail et le gingembre. Faites cuire à feu doux ou moyen pendant 10 min en remuant de temps en temps. Versez alors la cassonade et laissez caraméliser pendant quelques minutes à feu moyen.

3. Ajoutez le vinaigre de cidre et le garam masala. Couvrez juste d'eau. Portez à ébullition et laissez cuire pendant 30 min afin que le chutney se transforme en une sauce épaisse. Salez et poivrez.

4. Remplissez les pots à confiture de chutney, fermez-les et retournez-les afin de créer un vide. Laissez refroidir.

UTILISATIONS
Voici le chutney idéal pour accompagner un foie gras ou un fromage puissant.

FACILE

Pour **2** pots
30 min de préparation
50 min de cuisson
Coût €

CHUTNEY DE MANGUES

1 gousse d'ail • 2 cm de gingembre frais • 2 petites mangues pas trop mûres • 1 bâton de cannelle • 2 clous de girofle • 1 pincée de piment rouge en poudre • 120 g de cassonade • 15 cl de vinaigre blanc • 1 cuil. à soupe d'huile d'arachide • Sel

Matériel
2 grands pots à confiture stérilisés

1. Épluchez puis hachez l'ail et le gingembre. Épluchez et coupez les mangues en gros morceaux.

2. Faites chauffer l'huile dans une poêle à feu moyen. Mettez-y l'ail et le gingembre, puis faites-les revenir 1 ou 2 min. Ajoutez le reste des ingrédients et portez à ébullition. Réduisez le feu et laissez cuire de 45 à 50 min à feu doux. Au bout de ce temps, la préparation doit ressembler à de la confiture.

3. Goûtez et salez si besoin. Vous pouvez également rajouter une pointe de piment si vous aimez les chutneys très relevés.

4. Remplissez les pots à confiture de chutney, fermez-les et retournez-les afin de créer un vide. Laissez refroidir.

UTILISATIONS
Ce chutney classique s'accommodera très bien avec de la cuisine indienne ou, pourquoi pas, avec un sandwich au poulet.

VARIANTE
Ajoutez 1 cuil. à soupe de graines de coriandre en cours de cuisson ainsi que les feuilles d'une botte de coriandre fraîche.

FACILE

Pour **2** pots
30 min de préparation
30 min de cuisson
Coût €

CHUTNEY DE TOMATES

1 kg de tomates Roma • 2 cm de gingembre frais • 1 petit piment rouge • 1 cuil. à café de graines de moutarde • 1 cuil. à café de paprika • 100 g de cassonade • 50 g de raisins secs • 2 cuil. à soupe d'huile végétale • Sel

Matériel
2 grands pots à confiture stérilisés

1. Portez une casserole d'eau à ébullition. Retirez le pédoncule des tomates et incisez leur base en croisillons. Ébouillantez-les 1 min puis pelez-les et retirez les pépins. Hachez ensuite les chairs.

2. Épluchez et hachez le gingembre. Hachez le piment après avoir préalablement retiré les graines qui se trouvaient à l'intérieur.

3. Dans une casserole, faites chauffer l'huile, puis ajoutez les graines de moutarde, le gingembre et le piment. Laissez cuire 2 ou 3 min avant d'ajouter le paprika, les tomates, la cassonade et les raisins secs. Salez. Laissez cuire à feu doux pendant 30 min. Au bout de ce temps, la préparation doit ressembler à de la confiture.

4. Remplissez les pots à confiture de chutney, fermez-les et retournez-les afin de créer un vide. Laissez refroidir.

UTILISATIONS
Voici un chutney qui accompagne très bien le poulet ou le poisson grillé.

VARIANTE
Vous pouvez enrichir ce chutney en y ajoutant une pincée de cannelle ou de cumin en poudre.

FACILE

Pour **3** pots
30 min de préparation
50 min de cuisson
Coût €

CHUTNEY DE FIGUES

1 oignon rouge • 1 gousse d'ail • 2 cm de gingembre frais • 1 kg de figues noires • 300 g de cassonade • 15 cl de vinaigre de cidre • 1 cuil. à café de noix muscade râpée • 2 cuil. à soupe d'huile végétale • Sel, poivre du moulin

Matériel
3 grands pots à confiture stérilisés

1. Épluchez puis hachez l'oignon, l'ail et le gingembre. Nettoyez les figues, retirez le pédoncule et coupez-les en quatre.

2. Dans une poêle, faites revenir dans l'huile chaude l'ail, l'oignon et le gingembre durant 3 ou 4 min en remuant fréquemment. Ajoutez alors le reste des ingrédients et laissez cuire pendant environ 45 min à feu doux. Au bout de ce temps, la préparation doit ressembler à de la confiture épaisse. Salez et poivrez.

3. Remplissez les pots à confiture de chutney, fermez-les et retournez-les afin de créer un vide. Laissez refroidir.

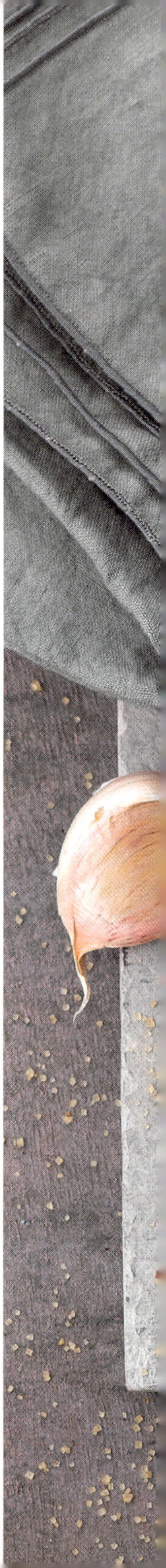

UTILISATIONS
Le chutney de figues, comme le chutney de pommes, se marie très bien avec le foie gras ou des fromages forts.

CONSEIL
Pour légèrement intensifier le goût de ce chutney, vous pouvez ajouter en cours de cuisson le jus d'un citron vert.

FACILE

Pour **2** pots
15 min de préparation
30 min de cuisson
Coût €

CHUTNEY DE CERISES

500 g de cerises • 2 cm de gingembre frais • 2 échalotes • 30 g de miel • 50 g de cassonade • 1 pincée de quatre-épices • 1 pincée de piment d'Espelette • 10 cl de vinaigre de cidre • Sel, poivre

Matériel
2 grands pots à confiture stérilisés

1. Nettoyez, équeutez et dénoyautez les cerises. Mettez-les dans une casserole.

2. Épluchez puis hachez finement le gingembre et les échalotes. Ajoutez-les aux cerises avec le miel, la cassonade, le quatre-épices et le piment. Mélangez.

3. Laissez cuire pendant 15 min à feu moyen. Ajoutez alors le vinaigre, salez et poivrez. Laissez réduire durant 15 min.

4. Remplissez les pots à confiture de chutney, fermez-les et retournez-les afin de créer un vide. Laissez refroidir.

UTILISATIONS
Ce chutney s'accommodera très bien avec des viandes d'agneau ou de porc grillées, ainsi qu'avec du fromage de brebis basque ou corse.

VARIANTE
Vous pouvez ajouter des raisins secs et des pignons de pin grillés.

FACILE

Pour **2** pots
20 min de préparation
30 min de cuisson
Coût €

CHUTNEY D'ÉCHALOTES

500 g d'échalotes • 2 gousses d'ail • 1 petit piment vert • 2 cm de gingembre frais • 1 cuil. à café de graines de coriandre • 100 g de cassonade • 2 cuil. à soupe de miel liquide • 10 cl de vinaigre blanc • 2 cuil. à soupe de cassis ou de groseilles • 2 cuil. à soupe d'huile végétale • Sel, poivre du moulin

Matériel
2 grands pots à confiture stérilisés

1. Épluchez et coupez grossièrement les échalotes. Épluchez puis hachez l'ail, le piment et le gingembre.

2. Dans une casserole, faites revenir dans l'huile chaude les échalotes, l'ail, les graines de coriandre, le gingembre et le piment pendant 5 à 7 min à feu doux. Ajoutez la cassonade et le miel. Poursuivez la cuisson 5 à 7 min afin de faire caraméliser les échalotes.

3. Versez alors le vinaigre et le cassis ou les groseilles. Salez et poivrez. Couvrez à peine d'eau puis laissez cuire à feu moyen pendant 15 min, jusqu'à ce que tout le jus s'évapore.

4. Remplissez les pots à confiture de chutney, fermez-les et retournez-les afin de créer un vide. Laissez refroidir.

UTILISATIONS
Le chutney d'échalotes accompagne très bien les fromages et la charcuterie. Préparez également un sandwich avec ce chutney, des tranches de coppa corse et des morceaux de fromage bleu. Il se crée un équilibre de forces et de saveurs surprenant. Un chutney à tester aussi sur une pâte à pizza.

FACILE

Pour **1** bol
20 min de préparation
Coût €

CHUTNEY DE MENTHE

1 botte de menthe • 1 botte de coriandre • 1 citron vert • 1 gousse d'ail • 1 cm de gingembre frais • 1 petit piment vert • 1 yaourt à la grecque • 1 pincée de cumin en poudre • 1 cuil. à soupe de sucre en poudre • Sel

Matériel
Presse-agrumes

1. Nettoyez puis effeuillez la menthe et la coriandre. Hachez-les finement. Pressez le citron vert.

2. Épluchez puis hachez finement l'ail et le gingembre. Coupez le piment en deux, retirez le pédoncule et les graines blanches. Hachez ensuite la chair.

3. Dans un bol, mélangez les herbes avec le gingembre, l'ail, le yaourt, le cumin et le piment. Terminez en ajoutant le sucre et le jus de citron. Salez à votre convenance et gardez au frais.

UTILISATIONS
Cette recette très simple accompagne les légumes, les poissons ou les viandes grillés, le riz ou des pains indiens (naans ou chappattis).

CONSEIL
Ce chutney ne se conserve pas plus de 2 ou 3 jours.

FACILE

Pour **2** pots
15 min de préparation
45 min de cuisson
Coût €

CHUTNEY POMME, POIRE ET GINGEMBRE

1 gousse d'ail • 100 g de gingembre confit • 3 pommes golden • 2 poires Doyenné du Comice • 25 g de beurre • 150 g de cassonade • 10 cl de vinaigre de cidre • 1 cuil. à café de garam masala (mélange d'épices indien) • 2 cuil. à soupe d'huile végétale • Sel, poivre du moulin

Matériel
2 grands pots à confiture stérilisés

1. Épluchez puis hachez l'ail. Passez rapidement le gingembre confit sous l'eau froide afin de retirer l'excédent de sucre, puis coupez-le en petits dés. Épluchez les pommes et les poires, coupez-les en quartiers et retirez les cœurs avant de détailler les chairs en cubes de 1 cm de côté.

2. Dans une grande casserole, faites fondre le beurre avec l'huile. Ajoutez les fruits et l'ail. Faites cuire à feu doux ou moyen pendant 10 min en remuant de temps en temps. Versez la cassonade et laissez caraméliser pendant quelques minutes à feu moyen.

3. Ajoutez le vinaigre, le garam masala et le gingembre confit. Couvrez juste d'eau. Portez à ébullition et laissez cuire pendant 30 min, jusqu'à ce que le chutney se transforme en une sauce épaisse. Salez et poivrez à votre convenance.

4. Remplissez les pots à confiture de chutney, fermez-les et retournez-les afin de créer un vide. Laissez refroidir.

UTILISATION
Servez ce chutney avec des volailles rôties, chaudes ou froides.

VARIANTE
Vous pouvez remplacer les pommes ou les poires par des raisins secs.

FACILE

Pour **2** pots
20 min de préparation
1 h de cuisson
Coût €

CHUTNEY DE RHUBARBE

1 gousse d'ail • 2 cm de gingembre frais • 500 g de rhubarbe • 2 oignons • 200 g de cassonade • 15 cl de vinaigre de cidre • 1 cuil. à café de garam masala (mélange d'épices indien) • 2 cuil. à soupe d'huile végétale • Sel, poivre du moulin

Matériel
2 grands pots à confiture stérilisés

1. Épluchez puis hachez l'ail et le gingembre. Retirez le bout des tiges de rhubarbe puis détaillez-les en tronçons. Épluchez et émincez finement les oignons.

2. Dans une grande casserole, faites revenir dans l'huile chaude les oignons, l'ail et le gingembre. Au bout de 4 ou 5 min, les oignons deviennent translucides. Ajoutez alors la cassonade et laissez caraméliser quelques minutes.

3. Ajoutez ensuite la rhubarbe, le vinaigre de cidre et le garam masala. Salez et poivrez. Couvrez juste d'eau, portez à ébullition et laissez cuire à feu doux pendant 50 min. La préparation doit se transformer en une compote épaisse. Rectifiez l'assaisonnement si besoin.

4. Remplissez les pots à confiture de chutney, fermez-les et retournez-les afin de créer un vide. Laissez refroidir.

UTILISATIONS
La rhubarbe accompagne très bien le magret de canard grillé ou des terrines et autres pâtés.

FACILE

Pour **2** pots
20 min de préparation
1 h de cuisson
Coût €

CHUTNEY DE PRUNES

2 cm de gingembre frais • 2 échalotes • 500 g de quetsches • 10 cl de vinaigre de cidre • ½ cuil. à café de garam masala (mélange d'épices indien) • 100 g de cassonade • 2 cuil. à soupe d'huile végétale • Sel, poivre du moulin

Matériel
2 grands pots à confiture stérilisés

1. Épluchez puis hachez finement le gingembre et les échalotes. Nettoyez les prunes, coupez-les en deux et retirez les noyaux. Recoupez chaque moitié de prune en deux.

2. Dans une casserole, faites revenir dans l'huile les échalotes et le gingembre. Lorsque les échalotes deviennent translucides, ajoutez le vinaigre, le garam masala et la cassonade. Portez à ébullition.

3. Ajoutez les prunes, salez et poivrez. Laissez cuire pendant 45 min à feu doux afin de transformer la préparation en compote épaisse. Rectifiez l'assaisonnement si besoin.

4. Remplissez les pots à confiture de chutney, fermez-les et retournez-les afin de créer un vide. Laissez refroidir.

VARIANTES
Vous pouvez remplacer les quetsches par des reines-claudes ou des mirabelles.

FACILE

Pour **2** pots
15 min de préparation
45 min de cuisson
Coût €

CHUTNEY DE COINGS

1 gousse d'ail • 2 cm de gingembre frais • 4 coings bien mûrs • 25 g de beurre • 150 g de cassonade • 10 cl de vinaigre de cidre • 1 cuil. à café de garam masala (mélange d'épices indien) • 2 cuil. à soupe de raisins secs • 2 cuil. à soupe d'huile végétale • Sel, poivre du moulin

Matériel
2 grands pots à confiture stérilisés

1. Épluchez puis hachez l'ail et le gingembre. Épluchez les coings, coupez-les en quartiers et retirez le cœur avant de détailler la chair en cubes de 1 cm de côté.

2. Dans une grande casserole, faites fondre le beurre avec l'huile. Ajoutez les coings, l'ail et le gingembre. Faites cuire à feu doux ou moyen pendant 10 min en remuant de temps en temps. Versez la cassonade et laissez caraméliser pendant quelques minutes à feu moyen.

3. Ajoutez le vinaigre de cidre, le garam masala et les raisins secs. Couvrez juste d'eau. Portez à ébullition et laissez cuire pendant 30 min afin que le chutney se transforme en une sauce épaisse. Salez et poivrez à votre convenance.

4. Remplissez les pots à confiture de chutney, fermez-les et retournez-les afin de créer un vide. Laissez refroidir.

VARIANTES
Vous pouvez remplacer une partie des coings par des poires ou des pommes.

FACILE

Pour **3** pots
25 min de préparation
45 min de cuisson
Coût €

CHUTNEY DE POTIMARRON

1 gousse d'ail • 2 cm de gingembre frais • 2 échalotes • 1 petit potimarron • 1 poire • 100 g de cassonade • 2 cuil. à soupe de miel liquide • ½ cuil. à café de garam masala (mélange d'épices indien) • 10 cl de jus de pomme frais • 15 cl de vinaigre de cidre • Sel, poivre du moulin

Matériel
3 grands pots à confiture stérilisés

1. Épluchez puis hachez finement l'ail, le gingembre et les échalotes. Épluchez et coupez en petits morceaux le potimarron après en avoir retiré les graines. Épluchez la poire et coupez-la en quartiers afin d'en retirer le cœur. Détaillez la chair en gros cubes.

2. Dans une grande casserole, mettez les morceaux de potimarron et de poire. Ajoutez l'ail, les échalotes, le gingembre, la cassonade, le miel, le garam masala, le jus de pomme et le vinaigre.

3. Salez et poivrez, puis portez à ébullition. Laissez cuire à feu doux pendant 45 min. Rectifiez l'assaisonnement si besoin.

4. Remplissez les pots à confiture de chutney, fermez-les et retournez-les afin de créer un vide. Laissez refroidir.

UTILISATIONS
Servez ce chutney en accompagnement de tajines ou de couscous.

FACILE

Pour **2** pots
15 min de préparation
15 min de cuisson
Coût €

CHUTNEY DE PRUNEAUX

1 gousse d'ail • 2 cm de gingembre frais • 2 échalotes • 1 citron vert • 500 g de pruneaux dénoyautés • 2 cuil. à soupe de miel liquide • ½ cuil. à café de garam masala (mélange d'épices indien) • 5 cl de vinaigre balsamique • Sel, poivre du moulin

Matériel
Presse-agrumes • 2 grands pots à confiture stérilisés

1. Épluchez puis hachez finement l'ail, le gingembre et les échalotes. Pressez le citron vert. Coupez les pruneaux en deux.

2. Dans une casserole, assemblez les pruneaux, le miel, le jus de citron, l'ail, le gingembre, les échalotes, le garam masala et le vinaigre. Salez et poivrez. Couvrez juste d'eau.

3. Portez à ébullition et laissez cuire à feu moyen pendant 15 min. Le chutney doit être très épais. Rectifiez l'assaisonnement si besoin.

4. Remplissez les pots à confiture de chutney, fermez-les et retournez-les afin de créer un vide. Laissez refroidir.

CONSEILS
Vous pouvez ajouter dans ce chutney des raisins secs (environ 2 cuil. à soupe) et 1 ou 2 pomme(s) coupée(s) en petits morceaux. Dans ce cas, augmentez le temps de cuisson de 10 min.

FACILE

Pour **2** pots
15 min de préparation
25 min de cuisson
Coût €

CHUTNEY DE PÊCHES

6 pêches jaunes • 2 cm de gingembre frais • 2 échalotes • 150 g de cassonade • 1 pincée de piment en poudre • 15 cl de vinaigre de cidre • 1 dose de safran en poudre • Sel, poivre du moulin

Matériel
2 grands pots à confiture stérilisés

1. Épluchez les pêches et coupez-les en 8 quartiers. Épluchez puis hachez le gingembre et les échalotes. Dans une casserole, assemblez les pêches, le gingembre, les échalotes, la cassonade, du sel, du poivre et le piment. Versez un fond d'eau et faites cuire à feu moyen 15 min. Ajoutez le vinaigre et poursuivez la cuisson 10 min. Coupez le feu, ajoutez le safran et mélangez.

2. Remplissez les pots, fermez-les et retournez-les afin de créer un vide. Laissez refroidir.

UTILISATIONS
Servez ce chutney en accompagnement de charcuterie ou de viandes blanches froides.

VARIANTES
Vous pouvez réaliser ce chutney avec des pêches blanches, des nectarines ou des brugnons.

FACILE

Pour **2** pots
20 min de préparation
50 min de cuisson
Coût €

CHUTNEY D'ABRICOTS

3 cm de gingembre frais • 2 échalotes • 500 g d'abricots • 20 cl de vinaigre de cidre • ½ cuil. à café de garam masala (mélange d'épices indien) • 150 g de cassonade • 4 cuil. à soupe de raisins secs • 2 cuil. à soupe d'huile végétale • Sel, poivre du moulin

Matériel
2 grands pots à confiture stérilisés

1. Épluchez puis hachez finement le gingembre et les échalotes. Dénoyautez puis coupez les abricots. Dans une casserole, faites revenir les échalotes et le gingembre dans l'huile chaude. Lorsque les échalotes deviennent translucides, ajoutez le vinaigre, le garam masala et la cassonade. Portez à ébullition. Ajoutez les abricots et les raisins secs, du sel et du poivre. Couvrez d'eau, puis laissez cuire 45 min à feu doux. Rectifiez l'assaisonnement.

2. Remplissez les pots, fermez-les et retournez-les afin de créer un vide. Laissez refroidir.

UTILISATION
L'abricot, comme le coing, s'accommode très bien avec la cuisine marocaine : tajines, pastillas...

VARIANTE
Vous pouvez réaliser la même recette avec des abricots surgelés ou séchés.

- FAIT MAISON -

MARINADES

FACILE

Pour **6** personnes
10 min de préparation
Coût €

MARINADE VIN BLANC ET FRUITS ROUGES

½ botte de ciboulette • 125 g de framboises, de groseilles, de cassis ou de mûres • 1 cuil. à soupe de vinaigre de xérès • 2 cuil. à soupe de vin blanc • 6 cuil. à soupe d'huile d'olive • Sel, poivre du moulin

1. Nettoyez et émincez le plus finement possible la ciboulette. À l'aide d'une fourchette, écrasez grossièrement les fruits rouges. Dans un bol, faites dissoudre un peu de sel et de poivre dans le vinaigre et le vin blanc. Ajoutez l'huile, les fruits rouges et la ciboulette. Gardez au frais.

2. Utilisez cette marinade sur un carpaccio de filet mignon de veau ou de magret de canard.

FACILE

Pour **6** personnes
5 min de préparation
8 min de cuisson
30 min de repos
Coût €

MARINADE PIMENTÉE AUX HERBES DE PROVENCE

1 gousse d'ail • 10 brins de persil plat • 10 cuil. à soupe d'huile d'olive • 1 cuil. à café d'herbes de Provence • 1 petit piment rouge séché • Sel, poivre du moulin

1. Épluchez et coupez en fines lamelles l'ail. Effeuillez le persil. Dans une casserole, faites chauffer l'huile. Ajoutez l'ail, les herbes de Provence et le piment, puis faites cuire à feu moyen pendant 5 ou 6 min. L'ail doit dorer. Ajoutez le persil et poursuivez la cuisson 1 ou 2 min. Laissez refroidir 30 min.

2. Faites mariner de fines tranches de courgette crue et des lamelles de fromage de chèvre dans cette huile pendant 30 min.

FACILE

Pour **6** personnes
10 min de préparation
Coût €

MARINADE AIL ET FINES HERBES

½ botte de ciboulette • 3 brins de basilic • 1 gousse d'ail • ½ citron • 1 cuil. à café de moutarde douce • 6 cuil. à soupe d'huile d'olive • ½ cuil. à café de fleurs de thym • Sel, poivre du moulin

Matériel
Presse-agrumes

1. Nettoyez et émincez le plus finement possible la ciboulette. Lavez et hachez finement le basilic. Épluchez et hachez très finement l'ail. Pressez le citron afin d'en récupérer le jus.

2. Dans un bol, faites dissoudre un peu de sel et de poivre dans le jus de citron. Ajoutez la moutarde, puis émulsionnez avec l'huile. Terminez la marinade en y ajoutant l'ail, la ciboulette, le basilic et le thym.

UTILISATIONS
Utilisez cette marinade avec des viandes blanches ou des poissons pour faire un barbecue. Vous pouvez aussi l'employer pour arroser les ingrédients d'une papillote. Bien sûr, vous pouvez la consommer en vinaigrette avec une salade.

VARIANTES
Remplacez le citron jaune par du citron vert ou un vinaigre un peu sucré type vinaigre de riz ou vinaigre balsamique classique ou blanc.

FACILE

Pour **6** personnes
15 min de préparation
Coût €

MARINADE À LA CITRONNELLE

UTILISATIONS
Utilisez cette marinade pour accommoder des poissons ou des viandes blanches mais aussi pour accompagner des légumes.

CONSEIL
Vous pouvez ajouter dans la marinade une gousse d'ail, un peu de gingembre frais et du piment.

2 tomates • 1 botte de coriandre • 1 citron vert • Le cœur de 1 tige de citronnelle • 1 cuil. à soupe de sauce nuoc-mâm • 6 cuil. à soupe d'huile végétale • 1 pincée de sucre en poudre • Sel, poivre du moulin

Matériel
Presse-agrumes • Robot-mixeur

1. Portez une casserole d'eau à ébullition. Retirez le pédoncule des tomates et incisez-les en croisillons. Ébouillantez-les 1 min avant de les peler. Effeuillez la coriandre. Pressez le citron.

2. Mettez les tomates dans le bol du mixeur avec la citronnelle et la sauce nuoc-mâm. Mixez jusqu'à obtention d'une purée homogène. Ajoutez le jus du citron, l'huile, le sucre, un peu de sel et de poivre. Mélangez et ajoutez la coriandre.

FACILE

Pour **6** personnes
15 min de préparation
Coût €

MARINADE GINGEMBRE, CORIANDRE ET VINAIGRE DE RIZ

UTILISATIONS
Utilisez cette marinade sur des brochettes de porc, de poulet, de poisson, ou encore de tofu. Faites ensuite griller les préparations afin de les caraméliser.

1 gousse d'ail • 2 cm de gingembre frais • 1 botte de coriandre • 2 cuil. à soupe de vinaigre de riz • 6 cuil. à soupe d'huile végétale • Sel, poivre du moulin

1. Épluchez puis hachez finement l'ail et le gingembre. Effeuillez la coriandre. Dans un bol, faites dissoudre un peu de sel et de poivre dans le vinaigre de riz. Ajoutez l'huile, le gingembre, l'ail et la coriandre. Mélangez bien.

FACILE

Pour **6** personnes
5 min de préparation
10 min de cuisson
30 min de repos
Coût €

MARINADE CITRON VERT, PIMENT ET CORIANDRE

1 gousse d'ail • 1 échalote • 1 petit piment rouge doux • 10 brins de coriandre • 1 citron vert • 6 cuil. à soupe d'huile d'olive • Sel, poivre du moulin

Matériel
Presse-agrumes

1. Épluchez puis hachez l'ail et l'échalote. Retirez le pédoncule du piment avant de hacher ce dernier finement. Effeuillez la coriandre. Pressez le citron vert.

2. Dans un bol, versez le jus de citron vert et ajoutez du sel et du poivre. Ajoutez ensuite l'huile d'olive, l'ail, l'échalote, le piment et la coriandre. Mélangez bien le tout.

UTILISATIONS
Cette marinade donnera une touche mexicaine ou tex-mex à un carpaccio, une grillade ou un tartare.

CONSEIL
Vous pouvez bien sûr ajouter dans cette marinade de petits dés d'avocat ou de tomate.

FACILE
Pour **6** personnes
10 min de préparation
5 min de cuisson
Coût €

MARINADE AU VIN ROUGE

20 cl de vin rouge • 2 oignons nouveaux • 1 petite carotte • 2 feuilles de laurier • ½ cuil. à café de baies de genièvre • 1 cuil. à café de piment d'Espelette en poudre

1. Dans une casserole, versez le vin rouge et portez à ébullition. Coupez le feu et laissez tiédir. Épluchez et hachez les oignons nouveaux. Épluchez et coupez en fines rondelles la carotte. Mélangez tous les ingrédients de la marinade avec le vin rouge.

2. Cette marinade parfumera des saucisses, des andouillettes ou de la poitrine de porc. Vous pouvez aussi l'utiliser pour faire mariner de la viande de pot-au-feu, de bœuf bourguignon ou de ragoût.

FACILE
Pour **6** personnes
5 min de préparation
Coût €

MARINADE SAFRAN ET HUILE D'OLIVE

½ citron • 6 cuil. à soupe d'huile d'olive • 1 cuil. à soupe d'échalotes hachées surgelées • 1 dose de safran en poudre • Sel, poivre du moulin

Matériel
Presse-agrumes

1. Pressez le citron. Dans un bol, faites dissoudre un peu de sel et de poivre dans le jus de citron. Versez ensuite l'huile. Ajoutez l'échalote et le safran. Mélangez bien.

2. Utilisez cette marinade sur des préparations crues : tartare ou carpaccio de viandes, de poissons ou de crustacés.

FACILE

Pour **6** personnes
10 min de préparation
Coût €

MARINADE AU POIVRE DE CITRON

1 gousse d'ail • 2 citrons • ½ cuil. à café de poivre noir en grains • 10 cuil. à soupe d'huile d'olive • Sel

Matériel
Râpe fine

UTILISATION
La marinade préférée pour une entrecôte, une côte de bœuf ou un filet de saumon à cuire au barbecue.

1. Épluchez et coupez en fines lamelles l'ail. À l'aide de la râpe fine, récupérez le zeste des citrons. Ne prélevez pas la partie blanche qui est trop amère.

2. Mettez le poivre sur une planche ou un plan de travail, puis concassez-le grossièrement à l'aide du fond d'une casserole ou d'un rouleau à pâtisserie.

3. Dans un bol, mélangez l'huile d'olive avec l'ail, du sel, le poivre et le zeste de citron.

FACILE

Pour **6** personnes
10 min de préparation
Coût €

MARINADE AU CINQ-ÉPICES

UTILISATIONS
Faites mariner pendant 1 h n'importe quelle viande blanche avant de la faire griller à la poêle, au gril ou au barbecue. Utilisez ensuite la marinade ainsi que le jus de cuisson dans une salade de haricots verts.

2 gousses d'ail • 2 cm de gingembre frais • 1 botte de coriandre • 1 cuil. à soupe de moutarde à l'ancienne • 1 cuil. à soupe de miel liquide • 1 cuil. à café de mélange cinq-épices • 15 cl de sauce soja

1. Épluchez puis hachez finement l'ail et le gingembre. Effeuillez la coriandre.

2. Dans un petit saladier, mélangez bien tous les ingrédients de la marinade. C'est prêt !

FACILE

Pour **6** personnes
15 min de préparation
Coût €

MARINADE PIMENT, CUMIN, CITRON ET HUILE D'OLIVE

1 tomate Roma • 1 échalote • ½ poivron vert • ¼ de courgette • ½ citron • 10 cuil. à soupe d'huile d'olive • 1 pincée de piment en poudre • 2 pincées de cumin en poudre • Sel, poivre du moulin

Matériel
Presse-agrumes

1. Portez à ébullition une casserole d'eau. Incisez en croix la tomate et ébouillantez-la pendant 1 min. Pelez-la, coupez-la en quartiers afin de retirer les pépins, puis hachez la chair.

2. Épluchez et hachez l'échalote. Nettoyez le poivron et la courgette, puis coupez-les en petits dés. Pressez le citron.

3. Dans un bol, versez le jus de citron et délayez-y un peu de sel. Ajoutez l'huile d'olive et du poivre. Ajoutez enfin le reste des ingrédients et mélangez bien.

UTILISATION
Faites mariner des filets de poisson avant de les cuire puis utilisez la marinade en guise de sauce additionnée du jus de cuisson.

FACILE

Pour **6** personnes
10 min de préparation
Coût €

MARINADE AU VINAIGRE BALSAMIQUE

1 gousse d'ail • 1 poignée de roquette • 3 cuil. à soupe de vinaigre balsamique • 1 cuil. à café de moutarde douce • 10 cuil. à soupe d'huile d'olive • Sel, poivre du moulin

UTILISATIONS

Employez cette marinade pour un carpaccio ou un tartare de bœuf, une salade tomate-mozzarella, un pavé de thon ou d'espadon.

1. Épluchez et hachez la gousse d'ail. Nettoyez et hachez grossièrement la roquette.

2. Dans un bol, versez le vinaigre balsamique et délayez-y un peu de sel et de poivre. Ajoutez la moutarde et mélangez bien, puis versez l'huile et émulsionnez le tout. Terminez en incorporant l'ail et la roquette.

FACILE

Pour **6** personnes
10 min de préparation
Coût €

MARINADE AU PASTIS

¼ de botte de cerfeuil • ½ citron • 2 cuil. à soupe de pastis • 6 cuil. à soupe d'huile d'olive • Sel, poivre du moulin

Matériel

Presse-agrumes

UTILISATIONS

Cette marinade est idéale pour un filet de bar, une langouste ou un homard.
À utiliser aussi sur une salade de fenouil.

1. Effeuillez le cerfeuil. Pressez le citron afin d'en récupérer le jus.

2. Dans un bol, versez le jus de citron puis délayez-y un peu de sel et de poivre. Ajoutez le pastis, l'huile d'olive et le cerfeuil. Mélangez.

FACILE
Pour **6** personnes
10 min de préparation
Coût €€

MARINADE HARISSA ET HUILE D'ARGAN

1 gousse d'ail • 10 brins de coriandre • ½ citron • 1 cuil. à café de sauce harissa • 5 cuil. à soupe d'huile d'olive • 3 cuil. à soupe d'huile d'argan • Sel, poivre du moulin

Matériel
Presse-agrumes

1. Épluchez et hachez la gousse d'ail. Nettoyez et effeuillez la coriandre. Pressez le citron afin d'en récupérer le jus.

2. Dans un bol, versez le jus de citron et délayez-y un peu de sel et de poivre. Ajoutez la harissa et mélangez bien, puis versez les huiles et émulsionnez le tout. Terminez en incorporant l'ail et la coriandre.

UTILISATIONS
Cette marinade est parfaite pour de l'agneau ou du poulet à faire griller. Ajoutez la marinade en cours de cuisson.

FACILE

Pour **6** personnes
10 min de préparation
5 min de cuisson
Coût €

MARINADE LAIT DE COCO ET CITRON VERT

2 cm de gingembre frais • 1 gousse d'ail • 1 botte de coriandre • 1 citron vert • 1 cuil. à soupe de cassonade • 2 cuil. à soupe de sauce nuoc-mâm • 20 cl de lait de coco • Sel, poivre du moulin

Matériel
Presse-agrumes

1. Épluchez puis hachez finement le gingembre et l'ail. Effeuillez et hachez la coriandre. Pressez le citron vert.

2. Dans une casserole, versez le jus de citron vert. Ajoutez l'ail, le gingembre, la cassonade, le nuoc-mâm et le lait de coco. Portez à ébullition.

3. Salez et poivrez selon vos goûts, puis ajoutez la coriandre. Laissez refroidir.

UTILISATIONS
Faites tremper le filet d'un poisson pendant 1 à 2 h dans cette marinade avant de le transformer en carpaccio ou en tartare. Vous pouvez aussi y faire mariner de la viande ou du poisson à rôtir ou à griller.

FACILE

Pour **6** personnes
5 min de préparation
Coût €

MARINADE VIN DOUX ET GINGEMBRE

2 cm de gingembre frais • 10 cl de vin doux type Monbazillac • Sel, poivre du moulin

1. Épluchez et râpez le gingembre, puis mélangez-le au vin dans un bol. Salez et poivrez à votre convenance.

UTILISATIONS
Faites tremper dans cette marinade des crustacés (langoustines, crevettes ou écrevisses) pendant 10 à 15 min avant de les faire griller. Pendant ce temps, faites réduire de moitié la marinade sur le feu et servez-la comme une sauce.

FACILE
Pour **6** personnes
15 min de préparation
Coût €

MARINADE TIKKA

UTILISATION
Découpez en gros cubes du poulet, du veau ou du porc. Faites-les mariner dans un plat pendant 1 nuit. Le lendemain, mettez le plat au four à 210 °C (th. 7) pendant 25 à 30 min. Servez avec du riz et une salade de concombre.

2 cm de gingembre frais • 1 échalote • 1 gousse d'ail • 1 botte de coriandre • 2 citrons verts • 3 yaourts à la grecque• 1 cuil. à soupe de garam masala (mélange d'épices indien) • Sel, poivre du moulin

Matériel
Presse-agrumes

1. Épluchez puis hachez finement le gingembre, l'échalote et la gousse d'ail. Effeuillez puis hachez la coriandre. Pressez les citrons verts.

2. Réunissez tous les ingrédients de la marinade dans un saladier et mélangez bien.

FACILE
Pour **6** personnes
15 min de préparation
Coût €

MARINADE CURRY OU TANDOORI

UTILISATION
Faites tremper dans cette marinade n'importe quel morceau de viande (filet de poulet, de veau ou de porc) ou de poisson pendant 1 nuit. Faites-le ensuite griller pour le dorer avant de le faire cuire dans la marinade pendant 10 min.

2 cm de gingembre frais • 1 échalote • 1 gousse d'ail • 1 botte de coriandre • 1 citron vert • 20 cl de lait de coco • 1 cuil. à soupe de curry en poudre ou de tandoori • Sel, poivre du moulin

Matériel
Presse-agrumes

1. Épluchez puis hachez finement le gingembre. Faites de même avec l'échalote et l'ail. Effeuillez puis hachez la coriandre. Pressez le citron vert.

2. Réunissez tous les ingrédients de la marinade dans un saladier et mélangez bien.

FACILE

Pour **4** personnes
15 min de préparation
Coût €

SAUCE NUOC-MÂM AMÉLIORÉE

1 carotte • ½ botte de coriandre • 1 cuil. à soupe de cacahuètes nature • 10 cl de sauce nuoc-mâm du commerce (au rayon produits du monde des supermarchés) • 1 cuil. à café de sucre en poudre • 1 cuil. à café de sauce de piment doux (au rayon produits du monde des supermarchés)

Matériel
Pilon et mortier (facultatif)

1. Épluchez et râpez le plus finement possible la carotte. Effeuillez et hachez la coriandre.

2. Concassez grossièrement les cacahuètes au pilon dans un mortier ou tout simplement avec le manche d'un gros couteau ou au rouleau à pâtisserie.

3. Dans un bol, versez la sauce nuoc-mâm et délayez-y le sucre en poudre. Ajoutez la sauce de piment doux, 10 cl d'eau, la carotte, la coriandre et les cacahuètes. Mélangez bien.

UTILISATIONS
Cette recette est une version améliorée de la sauce que l'on utilise habituellement pour accompagner les nems. Elle fait également une très bonne marinade pour les crustacés, les brochettes de bœuf ou de porc.

- FAIT MAISON -

SAUCES SUCRÉES

FACILE
Pour **6** personnes
10 min de préparation
10 min de cuisson
Coût €

COULIS DE FRUITS ROUGES

500 g de fruits rouges mélangés • 1 citron • 75 g de sucre semoule

Matériel
Presse-agrumes • Robot-mixeur ou moulin à légumes muni d'une grille fine • Tamis

1. Nettoyez les fruits rouges et coupez en deux les plus gros. Pressez le citron et versez le jus dans une casserole avec le sucre et les fruits.

2. Mixez longuement le tout ou passez le mélange au travers du moulin à légumes avant de porter à ébullition.

3. Passez le coulis obtenu au travers du tamis et laissez refroidir.

FACILE
Pour **6** personnes
15 min de préparation
10 min de cuisson
Coût €

COULIS D'ABRICOTS

500 g d'abricots • 1 citron • 50 g de sucre semoule

Matériel
Presse-agrumes • Robot-mixeur ou moulin à légumes muni d'une grille fine • Tamis

1. Nettoyez les abricots, coupez-les en deux et retirez le noyau. Pressez le citron et versez le jus dans une casserole avec le sucre et les fruits.

2. Mixez longuement le tout ou passez le mélange au travers du moulin à légumes avant de porter à ébullition.

3. Passez le coulis obtenu au travers du tamis et laissez refroidir.

FACILE

Pour **6** personnes
10 min de préparation
10 min de cuisson
Coût €

CRÈME ANGLAISE

1 gousse de vanille • 50 cl de lait frais entier • 4 jaunes d'œufs extra frais • 100 g de sucre en poudre

Matériel
Tamis • Thermomètre de cuisine (facultatif)

1. Fendez la gousse de vanille en deux dans le sens de la longueur et mettez-la dans une casserole avec le lait. Portez à ébullition.

2. Dans un saladier, fouettez ensemble les jaunes d'œufs avec le sucre en poudre, jusqu'à ce que le mélange blanchisse fortement. Versez ensuite en un mince filet le lait bouillant au travers du tamis.

3. Mélangez bien et reversez le tout dans la casserole. Faites cuire sans cesser de remuer avec une spatule en bois et en passant bien dans toute la casserole (bord compris), jusqu'à ce que la crème épaississe et nappe le dos de la spatule. Pour vérifier, faites une trace avec votre doigt sur le dos de la spatule : elle ne doit pas être recouverte par la crème. Si vous avez un thermomètre de cuisine, vérifiez que la crème a une température avoisinant les 84 °C.

4. Versez immédiatement la crème dans un saladier afin de stopper la cuisson.

FACILE

Pour **6** personnes
5 min de préparation
10 min de cuisson
Coût €

SABAYON

4 jaunes d'œufs • 75 g de sucre en poudre • 15 cl de champagne ou de vin doux

1. Dans un petit saladier, fouettez ensemble les jaunes d'œufs, le sucre en poudre et le champagne ou le vin.

2. Placez le saladier au bain-marie (au-dessus d'une casserole d'eau frémissante) et, sans cesser de fouetter, montez le sabayon comme pour une sauce hollandaise (voir recette p. 16). La sauce doit doubler de volume et devenir très aérienne. Utilisez-la rapidement.

UTILISATION
On utilise le sabayon pour préparer des gratins de fruits.

CONSEILS
Le sabayon est une base que vous pouvez modifier avec des épices, des alcools (voir VARIANTES ci-dessous) et même des herbes (menthe, coriandre, basilic). Vous pouvez aussi ajouter de la vanille en poudre, du gingembre ou de la cannelle.

VARIANTES
En fonction des fruits que vous choisissez d'utiliser dans votre futur gratin, vous pouvez ne pas mettre de vin ou utiliser un autre alcool. Par exemple : pour un gratin de fruits rouges, faites un sabayon au champagne ; pour un gratin d'abricots, remplacez le champagne par de l'amaretto ou du marsala ; pour un gratin aux pommes ou aux poires, utilisez du calvados ; pour un gratin de cerises, optez pour du kirsch.

FACILE
Pour **6** personnes
5 min de préparation
10 min de cuisson
Coût €

SAUCE AU CAFÉ

100 g de sucre en poudre • 10 cl de café fort • 20 cl de crème liquide

1. Dans une casserole, versez le sucre avec 4 cuil. à soupe d'eau. Mettez sur le feu et faites cuire doucement jusqu'à ce que le sucre se transforme en un beau caramel brun.

2. Ajoutez alors le café (faites attention aux projections). Lorsque le caramel est bien lié, versez la crème et portez à ébullition sans cesser de fouetter jusqu'à obtention d'une sauce homogène.

3. Coupez le feu et laissez refroidir.

CONSEIL
Meilleur sera votre café, meilleure sera votre sauce !

FACILE
Pour **6** personnes
5 min de préparation
5 min de cuisson
Coût €

SAUCE AU CHOCOLAT

250 g de chocolat noir à 65 % de teneur en cacao • 100 g de sucre en poudre • 20 cl de crème liquide entière • 25 g de beurre

1. Concassez le chocolat en petits morceaux.

2. Dans une casserole, versez 25 cl d'eau avec le sucre et la crème liquide. Fouettez pour mélanger puis portez à ébullition.

3. Ajoutez le chocolat sans cesser de mélanger et portez à nouveau à ébullition. Coupez le feu et laissez tiédir.

4. Ajoutez le beurre préalablement détaillé en petits morceaux et mélangez jusqu'à ce qu'il ait complètement fondu. Servez froid.

CONSEIL
Si vous désirez servir cette sauce chaude, n'y ajoutez pas de beurre.

FACILE

Pour **6** personnes
10 min de préparation
Coût €

CRÈME CHANTILLY

25 cl de crème liquide entière • 1 gousse de vanille • 1 cuil. à soupe de sucre glace

Matériel
Batteur électrique

1. Bien avant de commencer la recette, placez la crème liquide et les ustensiles au réfrigérateur (fouets du batteur et saladier).

2. Fendez la gousse de vanille en deux dans le sens de la longueur et grattez l'intérieur avec la pointe d'un couteau afin d'en récupérer les petites graines noires. Mélangez les graines avec le sucre glace.

3. Versez la crème dans le saladier bien froid avec le sucre glace. À l'aide du batteur électrique, montez la crème jusqu'à ce qu'elle devienne très épaisse. Les pics que forment les fouets ne doivent pas retomber.

4. Servez immédiatement ou gardez la crème au réfrigérateur pour une utilisation ultérieure. Dans ce cas, battez-la quelques secondes afin de la « resserrer » avant de la servir.

CONSEIL
Une chantilly est par définition nature. Vous pouvez évidemment l'aromatiser avec tout ce que vous souhaitez : de la vanille, de la menthe, du basilic, du gingembre, de la cannelle…

- MESURES ET ÉQUIVALENCES -

MESURER LES INGRÉDIENTS

INGRÉDIENTS	1 cuil. à café	1 cuil. à soupe	1 verre à moutarde
Beurre	7 g	20 g	-
Cacao en poudre	5 g	10 g	90 g
Crème épaisse	1,5 cl	4 cl	20 cl
Crème liquide	0,7 cl	2 cl	20 cl
Farine	3 g	10 g	100 g
Gruyère râpé	4 g	12 g	65 g
Liquides divers (eau, huile, vinaigre, alcools)	0,7 cl	2 cl	20 cl
Maïzena	3 g	10 g	100 g
Poudre d'amandes	6 g	15 g	75 g
Raisins secs	8 g	30 g	110 g
Riz	7 g	20 g	150 g
Sel	5 g	15 g	-
Semoule, couscous	5 g	15 g	150 g
Sucre en poudre	5 g	15 g	150 g
Sucre glace	3 g	10 g	110 g

MESURER LES LIQUIDES

1 verre à liqueur = 3 cl

1 tasse à café = 8 à 10 cl

1 verre à moutarde = 20 cl

1 mug = 25 cl

POUR INFO

1 œuf = 50 g

1 noisette de beurre = 5 g

1 noix de beurre = 15 à 20 g

RÉGLER SON FOUR

Température (°C)	Thermostat
30	1
60	2
90	3
120	4
150	5
180	6
210	7
240	8
270	9

- TABLE DES RECETTES -

S

V

- TABLE DES MATIÈRES -

- FAIT MAISON -

Recettes gourmandes à réaliser à la maison

Isabelle Brouant remercie :
Emmanuelle Wittmann pour ses délicates créations : www.affinité-terre.fr ;
Corinne Jausserand pour ses jolies peintures sur assiette : 06 07 21 88 75 ;
Gerflor pour les fonds ;
Caravane pour les collections Costa Nova, Riess et Opinel : www.caravane.fr ;
Atelier Galerie Garrigues : 32, rue du Général Guilhem – 75011 Paris ;
Zara Home : www.zarahome.com ;
Sabre : 17, rue Vignon – 75008 Paris ;
Arthur pour son jeune talent ;
Aline pour son enthousiasme et sa bonne humeur !

Pour l'éditeur, le principe est d'utiliser des papiers composés de fibres naturelles, renouvelables, recyclables et fabriquées à partir de bois issus de forêts qui adoptent un système d'aménagement durable. En outre, l'éditeur attend de ses fournisseurs de papier qu'ils s'inscrivent dans une demarche de certification environnementale reconnue.

Direction : Catherine Saunier-Talec
Responsable éditoriale : Anne Vallet
Conception intérieure et couverture : Salah Kherbouche
Réalisation intérieure : Les Paoistes
Préparation de copie et corrections : Nelly Mégret
Fabrication : Amélie Latsch
Partenariats : Sophie Morier au 01 43 92 36 82

Dépôt legal : janvier 2012
23-11-0652-01-0
ISBN : 978-2-01-230652-3
Impression : L.E.G.O. spa, Italie